Bärbel Merthan

Schlaubergerspiele

Bärbel Merthan

Schlaubergerspiele für Kita, Hort und Schule

Pfiffige Aktionen zum Beobachten, Ausprobieren und Dazulernen

HERDER

FREIBURG · BASEL · WIEN

www.herder.de

Umschlaggestaltung: SchwarzwaldMädel, Simonswald
Umschlagfoto: © Erdosain – Veer.com
Illustrationen: Klaus Puth, Müllheim
Satz und Gestaltung: Arnold & Domnick, Leipzig
Herstellung: fgb · freiburger graphische betriebe
www.fgb.de

Gedruckt auf umweltfreundlichem, chlorfrei gebleichtem Papier
Printed in Germany

ISBN 978-3-451-32494-9

Inhalt

Vorwort

Wie denken Kinder?

Beschäftigt man sich intensiver damit, wie Kinder denken und die Welt erfahren, kommt uns das als Erwachsene manchmal verwunderlich vor und manchmal regelrecht staunenswert. Wie kommen Kinder auf die Idee zu behaupten, dass Schnee verschimmelter Regen sei, Menschen, die in einem Auto davonfahren, schrumpfen oder dass in Maschinen Zwerge sitzen, die sie bedienen?

Einer, der diese kindlichen Behauptungen ernst nahm und nicht nur mit einem Lächeln abtat, war der Schweizer Psychologe Jean Piaget (1896–1980). Von wenigen Änderungen abgesehen, gelten seine Überlegungen zur Herausbildung des Denkvermögens bis heute. Durch seine Forschungen fand er heraus, dass Kinder zum Teil auf ganz eigentümliche Weise die Welt und die Ereignisse in ihr deuten. Dabei entwickeln sie besondere Denkmuster und eigene Regelwerke. Bei der Herausbildung der kognitiven Fähigkeiten geht Piaget von einem Stufenmodell aus. Die Phasen, die dabei durchlaufen werden, bauen aufeinander auf. Als Antrieb fungiert die aktive Auseinandersetzung des Kindes mit seiner Umwelt, von der es sich auf jeder Stufe ein Bild entwirft, das seinen geistigen Fähigkeiten entspricht, sowie eine Art von Aktionsplan, wie damit umzugehen ist.

Die aktive Auseinandersetzung, diese Neigung, die Welt geistig und körperlich in Besitz zu nehmen, ist uns offenbar angeboren. Je mehr im Lauf der Entwicklung die Denkfähigkeit zunimmt, desto umfangreicher und vielschichtiger werden auch die Auffassungs- und Verarbeitungsweisen. Piaget nennt diese Auffassungs- und Verarbeitungsweisen „Schemata“, die nach seiner Erkenntnis in vier Stufen erfolgen.

Das vorliegende Buch, das Kinder im Alter von drei bis zehn Jahren zum Denken anregen soll, beinhaltet allein zwei Stufen dieser Schemata.

In der präoperationalen Phase, das ist die Stufe des anschaulichen Denkens, beschäftigen sich die Kinder damit, ähnliche Dinge zu einer Gruppe zusammenzufassen (z. B. Blumen, Tiere), auch vielschichtige Beziehungen zwischen Dingen bzw. Personen zu verstehen und mit Zahlen umzugehen. Es findet die Übertragungsleistung statt, dass Dinge durch Sprache bezeichnet und auch durch Symbole ersetzt werden können. Eine besondere Fähigkeit ist in dieser Phase der Umgang mit dem Erhaltungsprinzip. Ein Kind versteht beispielsweise, dass eine Menge gleich bleibt, auch wenn sie in unterschiedlich breiten und hohen Gefäßen verschieden wirkt.

Ab etwa dem 7. Lebensjahr tritt das kindliche Denken in die konkretoperationale Phase ein. Die Kinder erwerben die Fähigkeit, mehrere Lösungen eines Problems zu leisten, diese Tätigkeit nennt Piaget „Gruppieren". Es handelt sich noch weitgehend um konkrete Handlungen z. B. Aktivitäten mit sinnlich erfahrbaren Gegenständen. Auch wissen wir, dass Kinder immer sicherer mit abstrakten Dingen umgehen z. B. mit schriftlich zu erfassenden Problemen. Das logische, zielgerichtete Denken entwickelt sich.

- Kinder denken anders!
- Kinder erschließen sich durch das Spiel ihre Umwelt.
- Spaß und Freude am eigenen und gemeinsamen Spiel stehen im Mittelpunkt der Aktionen.
- Durch die Spiele werden sie in ihren Basiskompetenzen gestärkt und sie entwickeln immer neue Fähigkeiten, die im täglichen Handeln und Zusammenleben von großer Bedeutung sind.
- Die Spiele fördern die Kinder in allen Bildungsbereichen, es wird bereits Vorhandenes vertieft und Neues hinzugelernt.

An wen richtet sich das Buch?

Das Buch richtet sich an Erzieherinnen, Grundschullehrerinnen und Sozialpädagogeninnen. Auch Eltern können alle diese Spiele ihren Kindern anbieten. Die Spielvorschläge sind für Kinder im Vor- und Grundschulalter (3 bis 10 Jahre) geeignet.

Alle Spiele haben den Aufforderungscharakter, die Kinder zum Mitdenken und auch zum selbstständigen Denken anzuregen. Mit geringen Änderungen können die Spiele beliebig und der Spielsituation entsprechend der Entwicklung der Kinder angepasst werden. Mal etwas einfacher – mal ein wenig anspruchsvoller.

Pädagogische Hinweise

Durch das umfangreiche Spielangebot werden die Kinder in vielen verschiedenen Bildungsbereichen ganz speziell gefordert und gefördert. Daneben ist stets die Grundlage für alle Aktionen, dass die Basiskompetenzen (im Bereich Motorik, Sensorik, Selbstwertgefühl, Sozialverhalten und Regelverständnis) und die Sprache gefördert werden. Zu vielen Spielen bestehen auch Querverbindungen zu anderen Bildungsbereichen (mathematische Grundkenntnisse, Logik usw.).

Oft schon bieten einige Spielvariationen ganz neue Angebotsschwerpunkte. Kommt z. B. ein Würfel als Variationsmöglichkeit ins Spiel, haben die Spiele auch noch einen mathematischen Lern- und Erfahrungsbereich. In den gleichen Bildungs- und Erfahrungsbereich gehört das Zeitmessen mit dem Kurzzeitwecker oder anderen Zeitmessern.

Allen Spielangeboten liegt eine ganzheitliche Förderung der Kinder zugrunde, die durch ihre entwicklungs- und altersentsprechende Auswahl den Kindern Spaß und Freude vermitteln soll. Ihnen als Erwachsene geben die Spiele die Möglichkeit, den pädagogischen Alltag farbiger zu gestalten und somit die Kinder noch besser auf das Leben vorzubereiten.

„Manches, was man als Kind erlebt hat, erhält seinen Sinn erst nach vielen Jahren. Und vieles, was uns später geschieht, bleibt ohne die Erinnerung an unsere Kindheit so gut wie unverständlich. Unsere Jahre und Jahrzehnte greifen ineinander wie die Finger beim Händefalten.“ *(Erich Kästner, deutscher Schriftsteller, 1899–1974)*

Viel Spaß und eigene gute Ideen und Fantasie bei der Umsetzung mit den Kindern!

Bärbel Merthan

Im Interesse der besseren Lesbarkeit und weil Frauen in frühpädagogischen Berufen prozentual stärker vertreten sind als Männer, wird in diesem Buch stets die Leserin angesprochen und auch meist die weibliche Form verwendet, wenn von pädagogischen Fachkräften die Rede ist. Selbstverständlich sind damit aber immer Leser und Leserinnen bzw. männliche und weibliche Fachkräfte gleichermaßen gemeint.

Roter Kreis und blaues Dreieck

Vielerlei Formenspiele

Wir sind umgeben von einer Vielfalt an Formen, die alle auf wenigen Grundformen fußen. Die Art der Formen, ihr Aufbau und die Beziehungen zwischen ihnen – damit befasst sich auch die Mathematik. Der erste Schritt ist, dass Kinder lernen, Formen bewusst wahrzunehmen und differenziert zu betrachten.

Formen kegeln

Alter: ab 4 Jahren
Mitspieler: Einzelbeschäftigung, Kleingruppe
Spieldauer: ca. 10 bis 20 Minuten
Material: 6 oder 9 kleine weiße Plastikfläschchen (z. B. Actimel-Joghurt), ebenso viele Hälften von Überraschungsei-Hülsen, Fotokarton oder Moosgummi, Lineal, Stift, Schere, Klebstoff, evtl. kleine Formenschablone, kleiner Gummiball

Zur Vorbereitung zeichnet die Spielleitung auf Fotokarton oder Moosgummi jede Form sieben Mal auf, schneidet sie aus und klebt je eine Form auf eine kleine Flasche.

Für die ersten sechs Formen empfehlen sich: Kreis, Quadrat, Dreieck, Rechteck, Herz und Stern. Bei neun Formen könnten noch Raute, Kreuz und das Sechseck hinzukommen.

Die übrigen ausgeschnittenen Formen werden in die entsprechenden Flaschen gegeben, also beispielsweise alle Kreise in die Flasche mit dem aufgeklebten Kreis. Auf jede Flasche wird der größere Teil der Überraschungseihülse aufgesetzt: fertig sind die kleinen Kegel.

Je nach Anzahl der Mitspieler werden jetzt auf Fotokarton oder Moosgummiplatten die sechs bzw. neun Formen je einmal aufgezeichnet.

Nun kann das Spiel beginnen. Die Kegel werden in der Tischmitte aufgestellt und jeder Spieler erhält eine Moosgummiplatte bzw. einen Fotokarton mit den aufgezeichneten Formen als Spielplan.

Nun darf das jüngste Kind der Spielrunde beginnen. Es rollt den Ball auf die Kegel zu. Die Kegel, die umfallen, dürfen von dem Kind geöffnet werden. Es entnimmt eine Form, benennt sie und legt sie auf die richtige Stelle auf seinem Spielplan. Anschließend werden die Kegel wieder aufgestellt und das nächste Kind darf kegeln.

Gewonnen hat das Kind, das zuerst alle vorgezeichneten Formen auf seinem Spielplan belegt hat. Wird ein Kegel von einem Kind ein zweites Mal umgeworfen, gilt das als Nullrunde.

Variation: Wird ein Kegel von einem Kind ein zweites Mal umgeworfen, darf es entscheiden, ob es die Form einem anderen Kind gibt.

Wir gehen auf Formensuche

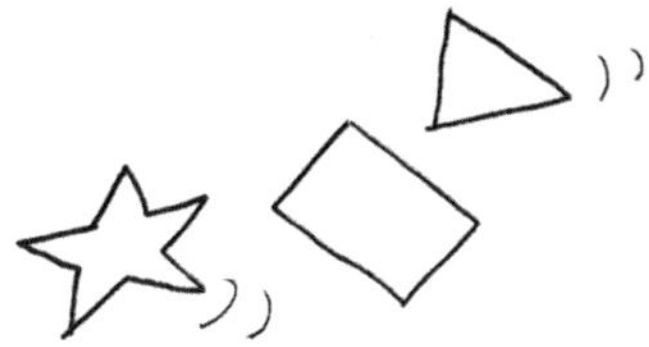

Alter: ab 3 Jahren
Mitspieler: Einzelbeschäftigung, Kleingruppe
Spieldauer: ca. 15 Minuten
Material: die Grundformen Kreis, Quadrat, Rechteck und Dreieck (aus Pappe / Papier zurechtgeschnitten oder in Form logischer Blöcke), je drei Dinge, die diese Grundform haben, Fotoapparat
für die Erweiterung: Pappe, Schere, Klebstoff, evtl. Laminiergerät

Bei diesem Wahrnehmungs- und Zuordnungsspiel sollen die Kinder die Gegenstände den Formen zuordnen. Das ist zugleich eine gute Übung, die Formen auf der Basis sprachlicher Begriffe zu benennen.

Zunächst arbeitet die Spielleitung mit den Kindern die Merkmale der verschiedenen Formen heraus. Sie werden ausgiebig befühlt und betrachtet und immer wieder benannt. Unterstützt wird diese Formenerfahrungen durch die Körperwahrnehmung der Kinder. Dazu fassen sich die Kinder an den Händen und bilden einen Kreis, ein Quadrat, ein Rechteck und ein Dreieck. Auf dem Boden können auch Formen liegend dargestellt werden (3 Kinder = 1 Dreieck).

Die Gegenstände und die Formen werden von der Spielleitung fotografiert.

Erweiterung: Entwickeln Sie Fotos und stellen Spielkarten daraus her. Die Fotos werden dafür auf Pappe geklebt und wenn möglich laminiert.

Eine neue Erfahrung ist nun, dass die Gegenstände, die die Kinder dreidimensional erlebt haben, durch das Ablichten nur noch zweidimensional sind.

Nehmen Sie das Material häufig zur Hand und wiederholen das Grundwissen und erweitern es ständig durch neue Gegenstände und weitere Formen.

> Spiele rund ums Entdecken von Formen, Herstellen und Erkennen machen den Kindern Spaß und fördern sie neben dem mathematisch-sprachlichen Bereich auch in der Wahrnehmung und vielen Basiskompetenzen.

Große und kleine runde Deckel

Alter: ab 3 Jahren
Mitspieler: Einzelbeschäftigung
Spieldauer: ca. 5 Minuten
Material: ca. 4 bis 6 unterschiedliche griffige Flaschen und Gläser mit Schraubverschlüssen.

Die Flaschen und Gläser werden ohne Deckel auf dem Tisch verteilt. Ebenso werden die Deckel beliebig auf dem Tisch verstreut hingelegt.

Nun hat das Kind die Aufgabe, die passenden Deckel zu suchen und auf die Flaschen und Gläser zu schrauben.

Variation 1: Als Gesellschaftsspiel mit mehreren Spielern wird es erst richtig spannend.

- Wer schafft in einer vorgegebenen Zeit die meisten Flaschen und Gläser zu verschließen?
- Wie lange braucht ein Spieler, um alle sechs Flaschen und Gläser zu verschließen?
- Zwei Spieler spielen das Spiel mit geschlossenen Augen oder Augenbinde. Gewonnen hat der, der die meisten Flaschen und Gläser mit Deckel versehen hat oder es in der kürzesten Zeit schafft.

Variation 2: Eine weitere Möglichkeit ist es, das Spiel mit Pappschachteln zu spielen – Pralinen- und Konfektschachteln, Geschenkschachteln … mit rechteckiger, runder oder mehreckiger, großer und kleiner Form und Deckel dazu.

Alltägliche Dinge aus dem Haushalt oder der Natur bieten Anlass für viele Formenspiele. Als Wettspiele, bei denen Geschicklichkeit und Schnelligkeit gefordert sind, sind sie auch für ältere Kinder interessant. Fantasie und Kreativität sowie die Freude am gemeinsamen Spiel sorgen für Kurzweil und Spaß.

Rund, eckig, lang und ...

Alter: ab 5 Jahren
Mitspieler: Kleingruppe
Spieldauer: ca. 5 Minuten
Material: Schatzkiste (Schuhkarton, Korb oder Dose) gefüllt mit Dingen, die alle doppelt vorhanden sind: Knöpfe, Spielsteine, Münzen, Spielkarten, Bauklötze, Tierfiguren, Spielzeugautos, Murmeln usw., Sanduhr

Die Teile werden von den Kindern aus der Schatzkiste geholt, betrachtet, beschrieben, benannt und auf dem Tisch verteilt. Die Kinder bekommen nun die Aufgabe, alle Teile, die zusammengehören, herauszusuchen.

Das Spiel ist beendet, wenn die Sanduhr durchgelaufen ist. Gewonnen hat das Kind, das die meisten Paare gefunden hat.

Variationen:

- Nach Farben ordnen (alles, was rot ist).
- Nach Formen ordnen (alles, was rund ist).
- Nach Material ordnen (alles, was aus Holz ist).
- Ein Teil hochhalten und die Kinder auffordern, das gleiche Teil noch einmal zu suchen.

Kinder haben Spaß daran, Dinge zu betrachten, zu benennen und wiederzuerkennen. Die Kenntnis der Formen hilft den Kindern, einen Gegenstand genauer wahrzunehmen, ihn der Grundform zuzuordnen, um ihn sich besser merken zu können.
Formen sind Hilfen, Dinge wiederzuerkennen. Eine weitere Hilfe sind Zuordnungen zu den Oberbegriffen wie Nahrung, Spielmaterial, Musikinstrumente, Kleindung. Auf diese Weise lernen Kinder ihre Umwelt zu strukturieren und die vielen unterschiedlichen Wahrnehmungen zu ordnen.

Runde Stachelkugeln bewegen

Alter: ab 3 Jahren
Mitspieler: Kleingruppe, Großgruppe
Spieldauer: ca. 10 Minuten
Material: mehrere Eimer (kleiner Sandeimer), evtl. Stoppuhr, ca. 60 bis 100 Platanenfrüchte, mehrere Löffel

Gemeinsam werden in einem Park oder auf einem Gehsteig etwa 60 bis 100 Platanenfrüchte und einige Blätter gesammelt. Die Früchte sind bräunlich rot, kugelrund und stachelig, die Blätter fast dreieckig und nicht so tief eingeschnitten wie beim Ahorn.

Im Stuhlkreis werden die Blätter betrachtet und beschrieben. Erkennen die Kinder die fast dreieckige Form der Blätter?

Die Platanenfrüchte werden in die Kreismitte gelegt und von den Kindern beschrieben (rund, braun und stachelig). Zwei bis sechs Kinder werden ausgewählt. Sie stellen einen Eimer auf ihren Stuhl und erhalten je zwei Löffel (Suppen- oder Teelöffel). Die Kinder gehen rund um die Platanenfrüchte in die Hocke und auf ein Kommando hin nehmen sie mit den Löffeln eine Kugel, balancieren sie zum Eimer und lassen sie hinein fallen. Die Kugel darf nicht mit der Hand angefasst werden und auch nicht zwischen den beiden Löffeln eingeklemmt werden.

Wer zuerst zehn (oder 15) Kugeln im Eimer hat, hat gewonnen.

Die jüngeren Kinder brauchen die Kugeln nicht zu zählen, da bestimmt die Stoppuhr die Spieldauer. Die Menge wird mit wenig – viel – ganz viel ermittelt.

Mathematisches Denken basiert neben anderen Grunderfahrungen auch auf dem Umgang mit Formen, wie die Kinder sie im Alltag oder bei verschiedenen Spielen erfahren. Deshalb ist es auch aus mathematischer Sicht wichtig, dass die Kinder in Alltagssituationen wie etwa beim Einkaufen, Kochen, Tischdecken und Aufräumen mit eingebunden sind. Die unterschiedlichen Dinge lassen sich so unter dem Gesichtspunkt der gleichen Form zuordnen und wiedererkennen.

Blätterschlangen

Alter: ab 5 Jahren
Mitspieler: Einzelbeschäftigung, Kleingruppe
Spieldauer: ca. 15 Minuten
Material: viele bunte, unterschiedliche Blätter, Zahnstocher oder Hefter

Die Kinder sammeln im Freien viele bunte, unterschiedliche Blätter, legen sie auf einen großen Haufen und setzen sich im Kreis um den Blätterhaufen. Gemeinsam betrachten sie die Blätter und beschreiben die unterschiedlichen Blattformen. Können die Kinder den Blättern die Namen der Bäume zuordnen?

Jedes Kind sucht sich eine Blattform (Blattsorte) und sucht weitere 9 passende Blätter. Die Blätter werden mit Zahnstochern oder Heftern zu einer Blätterschlange zusammengeheftet. Ein Blatt eines anderen Baums ist der Kopf. Lassen sich auch noch Augen und Zunge anbringen? Der Kopf wird mit dem Körper verbunden.

Jedes Kind zeigt seine Schlange, zählt laut die 10 Blätter des Körpers und benennt die beiden unterschiedlichen Blattformen des Körpers und des Kopfs.

Die Blätterschlangen sind ein toller Herbstschmuck für jeden Raum.

Oft geben Kinder uns Rätsel auf, weil sie etwas für ihr Spiel benötigen, dessen Namen ihnen entfallen ist und das sie dann einfach beschreiben: „Es ist ganz schön groß und rund, die Farbe ist gold. Wenn man darauf schlägt, ist das ganz laut und wird später ganz leise“. Natürlich kennen Sie das „runde Ding“, es handelt sich um ein Instrument – um ein Becken!
Daran zeigt sich, dass dieses mathematische Wissen um Formen auch zum allgemeinen Verständnis und zur Kommunikation einen großen Beitrag leistet.

Eine Wildschweinfamilie sucht Eicheln

Alter: ab 4 Jahren
Mitspieler: Großgruppe
Spieldauer: ca. 15 Minuten
Material: 2 Wassereimer (10 Liter), Sand, Sandkasten, Eicheln, 2 kleine Sandeimer, 2 Schaufeln, Uhr, pro Kind 1 Sandsieb

Die Spielleitung führt in das Spiel, das im Sandkasten gespielt wird, ein: Wildschweine suchen mit ihren Rüsseln nach Fressen, sie sind Allesfresser. Im Herbst mögen sie besonders gerne Eicheln. Wie sehen Eicheln aus? Welche Farbe haben sie? Kennen die Kinder bereits den Begriff oval?

Wer gehört zu einer Wildschweinfamilie?

Der Wildschweinvater = Keiler

Die Wildschweinmutter = Bache

Die Wildschweinkinder = Frischlinge

Die Spielleitung stellt zwei Wildschweinfamilien mit ein oder mehreren Frischlingen zusammen.

In die Wassereimer wird trockener Sand gegeben und pro Eimer ein kleiner Eimer mit Eicheln untergemischt. Jeder Mitspieler erhält ein Sandsieb. Auf das Kommando „Auf die Plätze, fertig, los!" beginnt jede Wildschweinfamilie mit der Eichelsuche.

Eine Schaufel Sand wird ins Sieb gegeben und gesiebt, die Eicheln, die im Sieb übrig bleiben, werden in den kleinen Sandeimer gegeben.

Nach zehn Minuten ist das Spiel beendet. Welche Familie konnte die meisten Eicheln finden? Wissen die Familien noch, wie die Form (bzw. der Körper) der Eichel heißt? Das Ergebnis wird der Spielleitung ins Ohr geflüstert. Die Wildschweinfamilie, die die richtige Antwort weiß und die meisten Eicheln hat, hat gewonnen.

Hatte jedoch die eine Wildschweinfamilie die meisten Eicheln und nur die anderen kennen die richtige Antwort, ist das Spiel unentschieden.

Messen, wiegen und sortieren

Größen und Verhältnisse erkennen

Beobachtet man Kinder im Vorschulalter, wenn sie allein oder mit einem anderen Kind spielen, lassen sich häufig Tätigkeiten wie das Füllen von Hohlkörpern und Sortieren von Gegenständen beobachten. Das hört sich mathematisch und überzogen an für das Füllen von Sandeimern und Sandformen oder das Sortieren von Kastanien, Eicheln und Bucheckern. Doch in diesem Spiel sammeln die Kinder Grunderfahrungen, werden die Grundlagen gelegt für weitere Erkenntnisse und Entwicklungen.

Messen mit dem Zollstock

Alter: ab 6 Jahren
Mitspieler: Kleingruppe
Spieldauer: ca. 10 Minuten
Material: pro Kleingruppe (2 bis 3 Kinder) 1 Zollstock (klappbar), Stifte, kleine selbstklebende Zettel

Die Spielleitung gibt den Kindern verschiedene Dinge, die zu messen sind. Es beginnt mit nur einer Messung, der Messung der Höhe.

Die Aufgabe kann lauten: Malt auf je einen Zettel die gelben Blumen (z. B. Ringelblumen), den Strauch mit den kleinen weißen Blüten (Spierstrauch), den Stein vom Brunnen (Sprudelstein), den Gartenzwerg und die Gießkanne.

Nachdem alles gemalt ist, gehen die Kinder in Startposition. Ein Kind hat den Zollstock, das andere die Klebezettel.

Auf das Signal des Spielleiters laufen die Kinder los, messen den Gegenstand und kleben den entsprechenden Zettel auf ihren Zollstock.

Wenn alle Kleingruppen zurückgekehrt sind, werden die Messergebnisse verglichen. Haben alle etwa die gleichen Ergebnisse?
Nun stellt die Spielleitung ein paar Fragen:

- Was ist der kleinste Gegenstand?
- Was ist der größte Gegenstand?
- Was ist größer als die Gießkanne?
- Was ist kleiner als die Gießkanne?
- Gibt es zwei Dinge, die gleich groß sind?

Variation für jüngere Kinder: Stellen Sie zuerst zwei, dann drei Gegenstände auf und lassen die Kinder herausfinden, was der höchste und was der niedrigste Gegenstand ist.

Variation für ältere Kinder: Wie viele Zentimeter ist der Strauch höher als die Ringelblumen?

Haben die Kinder erst einmal angefangen, ihre Umgebung nachzumessen, fallen ihnen selbst immer neue, lustige und spannende Messaufgaben ein.

Was ist schwerer?

Alter: ab 4 Jahren
Mitspieler: Einzelbeschäftigung, Kleingruppe
Spieldauer: ca. 15 Minuten
Material: 1 Brötchen (ca. 50 g), 1 Ei (ca. 60 g), 1 Zwiebel (80 g), 1 Kartoffel (140 g), 1 Apfel (180 g) und 1 Tüte Mehl (1000 g), 6 gleiche Plastiktüten, 1 Digitalwaage, Zettel, Stift

Die Kinder sollen zunächst ein Gefühl für Gewichte entwickeln. Die Spielleitung gibt die Tüte Mehl im Sitzkreis von einem zum anderen Kind, anschließend das Brötchen. Was sagen die Kinder, was ist schwerer?

Beide Gegenstände werden in eine gleich große Tüte gegeben und Gegenstände mit je einer Hand angehoben. Was ist schwerer? Hände wechseln – Ergebnis: das Mehl bleibt am schwersten.

Dann werden alle anderen Gegenstände im direkten Vergleich zum Mehl eingeschätzt. Ergebnis: alles ist leichter als das Mehl, das Mehl bleibt am schwersten.

Die Vergleiche werden weitergeführt: Was ist schwerer, das Brötchen oder der Apfel?

Variation für die Fünf- bis Sechsjährigen: Die Kinder versuchen zu ermitteln, was die Gegenstände wiegen, und ordnen sie von leicht nach schwer. Zur Auflösung der Aufgabe wird die Digitalwaage eingesetzt.

Variation für die Acht- bis Zehnjährigen: Aus dem Spiel ist eine echte Mathematikaufgabe geworden, bei der Gewichtsunterschied zu berechnen sind. Welche Gruppe ermittelt zuerst, wie groß der Gewichtsunterschiede zwischen dem Brötchen und dem Mehl ist?

Saftladen

Alter: ab 4 Jahren
Mitspieler: Kleingruppe
Spieldauer: ca. 3 Minuten
Material: 2 Kannen mit Wasser, 8 Gläser, 4 Hocker oder Tischchen, 2 Tabletts, Stoppuhr

Zwei Kinder stehen sich am Tisch gegenüber. Auf das Signal der Spielleitung füllen sie das Glas mit Wasser und tragen es vorsichtig zu ihrem Hocker.

Variation für die Fünf- bis Sechsjährigen: Ein Liter Wasser ist von jedem der beiden Spieler auf vier Gläser gerecht aufzuteilen, auf ein Tablett zu stellen und so schnell wie möglich zu seinem Hocker zu bringen. Nichts verschütten!

Variation für die Sieben- bis Zehnjährigen: Alles ist gleich wie bei den fünf- bis sechsjährigen Kindern, doch auf dem kürzesten Weg zum Hocker liegen Hindernisse, die es mit Tablett zu überwinden gilt. Gewonnen hat das Kind, das in der kürzesten Zeit das gesamte Wasser zum Ziel gebracht hat.

Das brauche ich in der Schule

Alter: ab 5 Jahren
Mitspieler: Einzelbeschäftigung, Kleingruppe
Spieldauer: ca. 5 Minuten
Material: gefülltes Federmäppchen, gefüllter Besteckkorb (aus der Puppenecke), einfaches Puzzlespiel, Stoppuhr

Alles Material wird ausgepackt und gut vermischt auf den Tisch gelegt. Die Stoppuhr wird gestartet und das Kind beginnt gegen die Uhr so schnell wie möglich alle Teile richtig zuzuordnen.

Das Spiel ist beendet, wenn die Besteckteile richtig sortiert sind, die Stifte an der richtigen Stelle im Federmäppchen und die Puzzleteile eingeräumt sind. Wie lange hat es gedauert?

Treten zwei Kinder gegeneinander an, hat jeder sein Material auf einem separaten Platz. Gewonnen hat das Kind, das zuerst alle Teile „richtig“ eingeräumt hat. In welcher Zeit wurde es geschafft?

Einfache Variation: Ein Kind räumt so schnell es geht nur das Federmäppchen richtig ein.

Bestimmt kennen Sie Aussagen wie: „Ich bin so ein Stück größer als mein kleiner Bruder.“ Oder: „Heb mich doch mal hoch, ich bin schon ganz schön schwer.“
Bieten Sie den Kindern mathematische Werkzeuge wie Zollstock, Maßband, Kalender, Uhr, Waage sowie einfache Messgeräte für Hohlmaße an, braucht man nicht lange zu warten, bis sie mehr über diese Dinge und ihre Verwendung wissen wollen. Die Erfahrungen werden konkreter, z. B. „Ich bin 10 cm größer als mein kleiner Bruder.“ Bei diesem nächsten Schritt erhalten die Kinder einen Einblick in die Welt der Mathematik. Das Wissen der Kinder wird umfangreicher, ihre Aussagen konkreter und sie machen einen weiteren großen Schritt, ihre Umwelt zu kennen und zu verstehen.

Gerade oder ungerade

Alter: ab 5 Jahren
Mitspieler: Kleingruppe
Spieldauer: ca. 10 Minuten
Material: 20 Bohnen oder Glasnuggets, 10 Gummiringe

Die Kinder sitzen am Tisch, die Spielleitung hat eine Menge von bis zu 20 Bohnen oder Glasnuggets in den Händen und schüttelt diese durch. Dann öffnet sie die Hände und die Kinder schätzen die Zahl der Bohnen oder Glasnuggets, ohne sie zu berühren. Nun werden von den Kindern Vermutungen abgegeben, ob von den Nuggets Paare gebildet werden können, ohne dass eines übrig bleibt.

Die zehn Gummiringe werden auf den Tisch gelegt und die Spielleitung legt je zwei Bohnen bzw. Glasnuggets in einen Ring. Es stellt sich heraus, dass kein Nugget übrig bleibt. Wer hat richtig vermutet?

Die Spielleitung nimmt die Nuggets wieder in die Hand und zählt sie erneut in die Gummiringe. Mit der Zeit stellen die Kinder fest, dass immer 2, 4, 6, 8, 10, 12, 14, 16, 18 und 20 Paare bilden können und keiner übrig bleibt und bei den Zahlen 1, 3, 5, 7, 9, 11, 13, 15, 17 und 19 immer einer übrig bleibt. Den Zahlen werden mit den Begriffen „gerade" und „ungerade" verknüpft.

Ab jetzt wird das Spiel zum echten Glücksspiel, ein Kind nimmt eine beliebige Menge, lässt die anderen raten – gerade oder ungerade – und erst wenn alle ihren Tipp abgegeben haben, wird gezählt und ermittelt, wer mit seinem Tipp Recht hatte.

Natürlich kann man auch zählen, wer am Besten raten konnte, das ist am Spielende der Ratekönig. Bestimmt finden die Kinder auch selbst noch eigene Spielregeln, nur die Feststellung – gerade oder ungerade – muss erhalten bleiben.

Was gehört zusammen?

Alter: ab 3 Jahren
Mitspieler: Einzelbeschäftigung, Kleingruppe
Spieldauer: ca. 5 Minuten
Material: Kiste oder Korb, 10 verschiedene Gegenstände, die doppelt vorhanden sind

Die Spielleitung geht mit dem Kind durch den Raum und sucht verschiedene Gegenstände, die es je zweimal gibt, z. B. 2 rote Autos, 2 Bausteine, 2 Stifte, 2 Memorykarten etc.

Die Teile werden vom Kind einzeln aus dem Korb geholt, benannt und auf dem Tisch abgelegt. Danach kommen die Dinge wieder in den Korb. Nun wählt die Spielleitung ein Teil aus und das Kind wird gefragt: „Wo ist das andere / der andere ...?" Das Kind findet das gesuchte Teil und beide werden nebeneinander auf den Tisch gelegt. Nun sagt die Spielleitung: „Zeig mir oder gib mir das rote Auto." Das Kind sucht, findet und gibt ihr das Auto. Wo ist das andere rote Auto? Nachdem das Auto gefunden ist, legt es die beiden Autos unter die ersten beiden gefundenen Teile.

Nun fordert die Erziehrein: „Gib mir zwei Teile, die gleich sind!" Jetzt hat das Kind eine schwierige Aufgabe. Es muss sich erst für ein Teil entscheiden und das zweite Teil suchen oder gleich die beiden Teile sehen, die zusammengehören.

Variationen:

- Es gibt von jeder Sorte zwei Dinge, nur der Oberbegriff ist gleich. Es sind zwei Stifte: ein Buntstift und ein Bleistift. Oder zwei Früchte: ein Apfel und eine Banane usw.
- Gesucht werden Dinge, die zusammengehören, wie Tasse und Kanne, Nadel und Faden usw.

Für Kinder, die das so zum ersten Mal erleben, ist es ein spannendes Spiel und eine wichtige Grunderfahrung für Mathematik: Wahrnehmen und Zuordnen.

Viele rote Früchte sortieren

Alter: ab 5 Jahren
Mitspieler: Kleingruppe
Spieldauer: ca. 10 Minuten
Material: pro Spieler 1 großer Teller, 4 kleine Teller, 1 Messer und 1 Gabel (evtl. aus Plastik oder Bambus), 10 Tomaten (Cocktail), 10 Beeren von der Eberesche (Vogelbeeren), 10 Hagebutten (ovale), 10 Früchte von der Kornelkirsche (als Alternative können es auch die Hagebutten von einer Kartoffelrose oder Zierapfel sein)
für die Variation: Stoppuhr

Schön ist es, wenn die Kinder die Früchte selbst ernten und sammeln können. Jeder Spieler bekommt auf den großen Teller die zehn Tomaten, zehn Ebereschenbeeren, zehn Hagebutten und zehn Kornelkirschen (oder Ersatzfrüchte).

Die Farbe, Form und Größe, sowie die Besonderheiten der Früchte werden besprochen, z. B. die Kornelkirsche hat auch einen ovalen Stein.

Zwei Kinder sitzen sich gegenüber, jedes hat den großen Teller und die vier kleinen Teller vor sich. Auf ein Starkommando hin – An das Besteck, fertig, los! – greifen die Kinder zum Besteck und sortieren die unterschiedlichen Früchte mit Messer und Gabel auf die Teller, so dass stets nur eine Sorte auf einem Teller liegt. Wer hat es als Erster ohne Fehler geschafft?

Früchte, die auf dem Boden liegen, werden abgezogen. Sind alle Früchte verteilt, gibt es zehn Punkte. Jede Frucht, die auf dem Boden liegt, bedeutet einen Punkt Abzug, das gilt auch für falsch zugeordnete Früchte.

Variation: Die Kinder arbeiten gegen die Zeit. Nach 30 Sekunden oder 60 Sekunden wird das Spiel gestoppt. Nun wird gezählt, wie viele Früchte richtig sortiert auf den Tellern liegen. Jede Frucht gibt einen Punkt. Wer hat die meisten Punkte?

Kunterbunte Zahlenwelt

Zählen mit Zahlenspielen

Ergebnisse der Hirnforschung aus den letzten 15 Jahren haben ergeben, dass Kinder im vorschulischen Alter bereits einen Zugang zur Naturwissenschaft und Mathematik haben. Diese spaßbetonten Spiele geben den Kindern schon mit zwei oder drei Jahren die Gelegenheit, mathematische Grunderfahrungen zu sammeln. Die Fünfjährigen werden spielerisch an einfache Rechenoperationen herangeführt und Schulkinder können ihre mathematischen Fähigkeiten für allerlei spannende und interessante Spiele nutzen und sogar mit Zahlen zaubern.

Links oder rechts

Alter: ab 4 Jahren
Mitspieler: Kleingruppe
Spieldauer: ca. 5 Minuten
Material: Schuhkarton, Kartonstück, Schere, 5 Tischtennisbälle

Vorbereitung: In den Schuhkarton wird mit einem Stück Karton eine Trennwand eingeklebt, die den Schuhkarton in zwei gleich große Hälften teilt. Die Trennwand ist jedoch nur halb so hoch wie der Schuhkarton, die Tischtennisbälle können sie ohne Probleme überwinden.

Die Kinder sitzen am Tisch oder auf dem Boden. Die Spielleitung schüttelt den Karton und lässt die Kinder raten, was darin sein könnte. Dann öffnet sie den Karton. Wer zuerst die richtige Vermutung hatte, beginnt mit dem Spiel.

Nun wird der Deckel geschlossen und der erste Spieler dreht den Karton so, dass der Deckel nach unten zeigt, hält ihn aber geschlossen und bewegt ihn hin und her. Anschließend dreht er ihn wieder um, sodass die Bälle sich auf die zwei Seiten aufteilen.

„Auf welcher Seite möchtest du die Bälle zählen, links oder rechts?", fragt die Spielleitung. Das Kind entscheidet sich für eine Seite, öffnet den Deckel, zählt die Bälle auf der Seite und merkt sich die Zahl.

Nun folgt das nächste Kind, das links neben dem ersten Kind sitzt. Nach der Spielrunde wird ermittelt, wer die meisten Bälle auf seiner Seite hatte. Bei Gleichstand gibt es zwischen den beiden Spielern ein Stechen, wer hat nun die meisten Bälle?

Punkte klatschen

Alter: ab 4 Jahren
Mitspieler: Kleingruppe
Spieldauer: ca. 3 Minuten
Material: doppelseitiges Klebeband, Memozettel, Filzstift, Stoppuhr, Schere, pro Spieler eine Fliegenklatsche

Die Spieler malen auf die Memozettel ein bis drei Punkte und verteilen sie, verdeckt liegend, auf dem Tisch. Auf die Fliegenklatschen wird doppelseitiges Klebeband geklebt. Eine Spielzeit wird mit den Spielern vereinbart, beispielsweise 1 Minute. Die Stoppuhr wird gestartet und nun haben die Spieler die Aufgabe, innerhalb einer Minute mit ihrer klebrigen Klatsche so viele Zettel wie möglich einzusammeln. Die Zettel müssen sofort von der Klatsche entfernt werden, denn nur die Zettel, die am Spielende vor dem Spieler liegen, zählen. Die, die noch an der Klatsche festkleben, werden nicht gewertet. Nun werden die Punkte gezählt. Wer die meisten Punkte hat, hat gewonnen.

Variationen:
- Jeder darf nur drei Mal zuklatschen.
- Alle Punkte zählen, auch die, die noch festkleben.
- Mit Augenbinde oder geschlossenen Augen spielen.

Zahlen und zählen

Alter: ab 5 Jahren
Mitspieler: Kleingruppe
Spieldauer: ca. 8 Minuten
Material: Zahlen von 1 bis 9 aus Moosgummi oder anderem Material, Sanduhr (2 Minuten), Stoffbeutel, Glasnuggets

Die Kinder sitzen am Tisch. Ein Kind zieht eine Zahl aus dem Beutel und benennt die Zahl. Nun hat es eine weitere recht schwierige Aufgabe, es soll in Verbindung mit der Zahl einen Satz bilden.

Es hat beispielsweise die Zahl „7“ gezogen.

Ein möglicher Satz wäre: Schneewittchen hat 7 Zwerge.

Die Zeit für den Satz wird durch eine Sanduhr begrenzt. Im Ausnahmefall entscheidet die Spielleitung über die zur Verfügung stehende Zeit, je nach Sprachfähigkeit der Kinder. Für den richtig gebildeten Satz erhält das Kind Glasnuggets im Gegenwert der Zahl. Die Zahl wird zurück in den Beutel gegeben und das Kind links neben dem ersten Spieler zieht nun eine Zahl.

Nach drei Spielrunden werden von jedem Spieler die erworbenen Glasnuggets laut vorgezählt. Wer die meisten Glasnuggets hat, hat gewonnen.

Einfachere Variationen:

- Nur mit Zahlen von 1 bis 5 spielen.
- Mehr Zeit zum Satzbilden geben.
- Nur zwei Runden spielen und danach die erspielte Menge ermitteln.
- Beim Satzbau Hilfen anbieten, z. B.: Wovon sollen es fünf Dinge sein? Was kannst du dazu sagen?

Schwerere Variationen:

- Weniger Zeit zum Satzbilden geben.
- Kein Gegenstand darf doppelt benannt werden. Hat ein Spieler beispielsweise den Begriff „Bonbons“ verwendet, darf er nicht mehr genutzt werden.

10 Beine – was ist das?

Alter: ab 8 Jahren
Mitspieler: Großgruppe
Spieldauer: ca. 10 Minuten
Material: Memoblock, Bleistifte, Würfelrohling bzw. Würfel mit geraden Zahlen 2 – 4 – 6 – 8 – 10 – 12

Die Kinder sitzen am Tisch. Ziel des Spiels ist es, so schnell wie möglich Tiere mit der vom Würfel vorgegebenen Beinzahl zu zeichnen. Je weniger Tiere zu malen sind, umso schneller ist die Aufgabe erfüllt.

Wird eine 2 gewürfelt, malen alle Kinder ein zweibeiniges Tier, es muss jedoch gut zu erkennen sein. Die wichtigsten Merkmale sollten vorhanden sein. Hier einige Beispiele: 2 Beine (Affe, Vogel …), 4 Beine (Hund, Katze …), 6 Beine (Käfer), 8 Beine (Spinne), 10 Beine – da muss ein zweites Tier her, z. B. Vierbeiner und Sechsbeiner oder Achtbeiner und Zweibeiner. Ebenso ist es mit 12 Beinen.

Gewinner ist der Spieler, der in drei Runden am häufigsten als Erster fertig war.

Verhexte Zahlen

Alter: ab 9 Jahren
Mitspieler: Einzelbeschäftigung, Kleingruppe
Spieldauer: ca. 20 Minuten
Material: quadratisches Blatt, Stift, Papier

Gespielt wird am Tisch. Jeder Spieler faltet sein quadratisches Blatt so, dass 16 gleichgroße Kästchen entstehen (waagrecht dreimal und senkrecht dreimal falten).
Nun werden die folgenden Zahlen in die Felder geschrieben:

6	9	12	7
3	16	13	2
15	4	1	14
10	5	8	11

Lassen Sie die Kinder nun von 1 bis 16 die Zahlen auf dem Feld suchen. Was können die Kinder zu den einzelnen Zahlen sagen, z. B.:

- Ich habe einen Kopf.
- Ich habe zwei Hände.
- Die Drei kommt oft in Märchen vor.
- Es gibt vier Adventssonntage.
- Fünf ist eine ganze Hand voll.
- Mit sechs Jahren kommt man in die Schule.
- Schneewittchen und die sieben Zwerge.

Variation für jüngere Kinder: Bis 15 zählen geht auch für kleinere Kinder an einer Hand: Handfläche ist eins und jedes einzelne Fingerglied ergeben zusammen 15.

Variation für gute Rechner: Alle Zahlen sollen Reihe für Reihe erst waagrecht und dann senkrecht und dann noch diagonal von links oben nach rechts unten und von rechts oben nach links unten addiert werden. Welches Ergebnis kommt bei allen zehn Rechnungen heraus?

Adam Riese

Alter: ab 8 Jahren
Mitspieler: Kleingruppe
Spieldauer: ca. 5 Minuten
Material: Murmeln oder Glasnuggets

Die Kinder sitzen im Kreis. Bevor das Spiel losgeht, wird festgelegt, welche Zahl immer durch den Begriff „Adam Riese" ersetzt werden soll. Adam Riese ist der Name eines großen deutschen Mathematikers. Deshalb sagt man auch oft 3 + 2 sind nach Adam Riese 5. Bei diesem Beispiel soll es zunächst bleiben, denn die Fünf oder eine durch fünf teilbare Zahl darf nicht genannt werden.

Es wird reihum bis 50 gezählt und immer, wenn die entsprechende Zahl genannt wird, wird sie durch den Namen „Adam Riese" ersetzt.

Also: 1, 2, 3, 4, Adam Riese, 6, 7, 8, 9, Adam Riese, 11, 12, 13, 14, Adam Riese ... 49, Adam Riese.

Wer sich nicht verspricht, bekommt für jedes „Adam Riese" eine Glasmurmel oder ein Glasnugget. Wer sich verspricht oder verrechnet, erhält nur die richtig genannten Ersatzzahlen in Glasnuggets.

Variation für jüngere Kinder: Es werden insgesamt 20 Glasnuggets auf den Tisch gelegt, z. B. in Rot. Die Glasnuggets für 5, 10, 15 und 20 werden durch eine andere Farbe ersetzt. Nun kann auch von den jüngeren Kindern das Spiel gespielt werden.

Erweiterung: Schwieriger ist es, von 20 an rückwärts zählen lassen, d. h. es wird gleich mit dem Begriff „Adam Riese" begonnen.

Das lustig bunte Fabeltier

Alter: ab 3 Jahren
Mitspieler: Kleingruppe
Spieldauer: ca. 10 Minuten
Material: je 5 kleine runde Faltblätter in verschiedenen Farben, Wäscheklammern

Die Kinder sitzen im Kreis. Ein Kind darf das Fabeltier sein, es darf aber auf zwei Beinen stehen bleiben. Die Spielleitung legt die kreisrunden Faltblätter auf den Boden, z. B. 3 blaue, 4 rote, 2 grüne und 5 gelbe Blätter (später auch noch andere Farben).

Nacheinander werden Kinder benannt, die dem Fabeltier mit einer Wäscheklammer einen bunten Punkt anheften dürfen.

Sind alle Punkte angebracht, wird gemeinsam oder auch einzeln laut gezählt, wie viele rote, blaue, gelbe und grüne Punkte nun das Fabeltier hat und wie es heißen soll. Das Kind geht in seiner „Verkleidung" noch ein oder zwei Mal im Kreis herum. Danach werden alle Punkte entfernt, nach Farben sortiert und noch einmal gezählt.

Nun darf ein anderes Kind das neue Fabeltier sein, natürlich mit anderen Punktmengen.

Der Igel, der keine Stacheln möchte

Alter: ab 5 Jahren
Mitspieler: Kleingruppe
Spieldauer: ca. 10 Minuten
Material: Papier, Buntstifte, 2 Würfel, Zahlenkarten von 2 bis 12

Die Kinder sitzen am Tisch. Jedes Kind malt eine große, ovale Form auf sein Blatt. In den oberen Teil wird ein Igelgesicht gemalt und die vier Beine werden außen gezeichnet. In den Igelbauch schreiben die Kinder in unterschiedlichen Farben die Zahlen von 2 bis 12. Als Hilfsmittel zum Zahlenschreiben sind die Zahlenkarten gedacht.

Wichtig ist, dass der Igel ganz ohne Stacheln gemalt wird. Wer zuerst sagen kann, mit welchem Buchstaben das Wort „Igel" beginnt, darf mit dem Würfeln beginnen.

Die gewürfelten Augenzahlen der beiden Würfel werden zusammengezählt und die entsprechende Zahl aus dem Igelbauch gestrichen. Gewürfelt wird reihum im Uhrzeigersinn. Schon bei der zweiten oder dritten Spielrunde kann es passieren, dass ein Kind genau die gleiche Augenzahl wieder gewürfelt hat, die es schon hatte. Wenn das passiert, muss es seinem Igel einen Stachel malen, doch der Igel mag keine Stacheln haben.

Wer zuerst alle zehn Zahlen gestrichen hat, kann das Spiel beenden und hat das Spiel gewonnen.

Die große Rechenzauberei

Alter:	ab 10 Jahren
Mitspieler:	Kleingruppe
Spieldauer:	ca. 10 bis 15 Minuten
Material:	2 Würfel, Würfelbecher, Zettel, Stifte

Die Kinder sitzen am Tisch. Ein Kind würfelt mit zwei Würfeln, verdeckt schaut es sich die Zahlen an, die es gewürfelt hat. Die anderen Kinder dürfen das auf keinen Fall sehen – GEHEIM!

Mit Hilfe einer einfachen kleinen Rechenformel kann man ermitteln, welche Augenzahl der Spielpartner erwürfelt hat.

Die Zauberformel: Der Spielpartner bekommt die Aufgabe, die Augenzahl eines Würfels zu verdoppeln, 5 hinzu zu zählen und das Ganze mit 5 zu multiplizieren.

Die Augen des zweiten Würfels werden einfach hinzugezählt. Von der Summe, die der Spielpartner nach mühsamer Rechnerei nun ermittelt hat, wird 25 abgezogen. Das Ergebnis sind die beiden Augenzahlen, die gewürfelt wurden.

Tipp: Bieten Sie dem Kind einen Zettel an, um die Zahlen zu notieren oder die Rechenvorgänge schriftlich darzustellen.

Beispielrechnung: Der Spieler würfelt eine 4 und eine 3

4	+	4	=	8
8	+	5	=	13
13	x	5	=	65
65	+	3	=	68
68	–	25	=	43

Es sind die Zahlen 4 und 3.

Krabbeltier und Glitzerstein

Forschen und wissen

Neue Erkenntnisse und verblüffende Ergebnisse lassen Kinder staunen und regen sie zum Hinterfragen an. Hierbei entwickeln sich vernetzte und komplexe Denkvorgänge, die auch häufig einen Transfer von Ideen und Gedanken in andere Bereiche oder zu anderen Erkenntnissen fördern. Naturwissenschaftliches Experimentieren ist keine Zauberei, es gibt für alles eine Erklärung, und das gefällt Kindern!

Wasser, Erde, Feuer

Alter: ab 3 Jahren
Mitspieler: Kleingruppe
Spieldauer: ca. 10 Minuten
Material: gleichfarbige Murmeln und eine andersfarbige, Säckchen für die Variation: Softball

Jedes Kind darf sich eine Murmel aus dem Säckchen nehmen, wer die andersfarbige Murmel hat, beantwortet die Frage.

Die Spielleitung fragt: „Was lebt im Wasser?"

Das Kind antwortet: „Fisch".

Bei den Dreijährigen reicht die Antwort, bei den Fünfjährigen muss es genauer benannt werden, z. B. Forelle. Ebenso ist es mit der Erde, im Feuer lebt kein Tier, deshalb muss das Kind auf die Frage „Was lebt im Feuer?" nur „heiß" antworten.

Variation für ältere Kinder: Das Spiel wird für die älteren Kinder mit einem Ball gespielt, der schnell von einem Spieler zum anderen wechselt. Der Spieler, der zuletzt den Ball gefangen und ein Tier einem Element zugeordnet hat, nennt das neue Element und wirft dabei den Ball einem anderen Mitspieler zu.
Gewonnen hat der Spieler mit den meisten richtigen Antworten.

Krabbeltier oder Glitzerstein

Alter: ab 4 Jahren
Mitspieler: Kleingruppe
Spieldauer: ca. 5 Minuten
Material: Stein, Blatt oder Zweig, Kuscheltier, Stoppuhr oder Sanduhr

Auf einem freien Platz, z. B. Waldweg, werden das Blatt bzw. der Zweig und das Kuscheltier auf den Boden gelegt. Alles etwa 1 m voneinander entfernt.

Die Spielleitung nennt entweder eine Pflanze, ein Tier oder eine Steinart und die Kinder stellen sich zu dem entsprechenden Gegenstand. Es kann mit Oberbegriffen und mit Unterbegriffen gespielt werden, z. B. Pflanzen: Baum, Strauch, Blume oder Kastanienbaum, Johannisbeere, Gänseblümchen.

Tiere: Wildtiere, Haustiere, Insekten oder Reh, Hund, Ameise.

Steine: Flusssteine, Felsen, Edelsteine oder Pflastersteine oder Kieselsteine, Sandsteine, Rubin, Granit.

Für jede richtige Antwort erhält der Mitspieler einen Punkt. Wer am Spielende die meisten Punkte hat, hat gewonnen.

Was ist ein Fohlen?

Alter: ab 7 Jahren
Mitspieler: Kleingruppe
Spieldauer: ca. 10 Minuten
Material: Würfelzucker und Gummibärchen

Die Kinder sitzen im Stuhlkreis. Die Spielleitung stellt die Frage: Was ist ein Fohlen?

Jeder gibt seine Antwort oder Vermutung ab.

Anschließend bekommt jeder, dessen Antwort richtig war, ein Stück Würfelzucker. Es darf nicht gegessen werden. Die Zuckerstücke werden gesammelt und später gegen Gummibärchen eingetauscht.

Wie ist die Reaktion auf den Würfelzucker bei den Pferdekennern? Schon sind alle mitten im Thema und jeder trägt dazu bei, was er über Pferde weiß. Jede wissenswerte Auskunft wird mit einem weiteren Stück Zucker belohnt. Die Spielleitung sammelt alle Infos und fasst sie am Schluss noch einmal zusammen.

Die Kinder haben sich intensiv zum Thema ausgetauscht und manches Stück Würfelzucker erhalten.

Die Zuckerwürfel werden gegen Gummibärchen eingetauscht und die Infos noch einmal von der Spielleitung zusammengefasst.

Weitere anregende Fragen zum Themenbereich:

- Wie heißen die Mitglieder einer Pferdefamilie?
- Pferderassen?
- Was fressen Pferde?
- Wo leben Pferde?
- Arbeiten Pferde?

Spezialisten- oder Expertenwissen:
Welches Tier ist mit dem Pferd am nächsten verwandt? Elefant, Flusspferd oder Nashorn?
Das Nashorn. Beides sind Unpaarhufer.

Zwei, vier, sechs oder sogar acht?

Alter: ab 5 Jahren
Mitspieler: Kleingruppe
Spieldauer: ca. 10 Minuten
Material: Papier, Buntstifte, evtl. Tierbestimmungsbuch

Die Spielleitung nennt ein Tier und fragt, wie viele Beine das Tier hat.

Beispiel: Amsel (2), Dackel (4), Marienkäfer (6), Spinne (8).

Schwieriger wird die Frage: Wie viele Beine hat eine Biene?

Ein Kind darf eine Farbe nennen und mit dieser Farbe malt jeder die entsprechende Beinanzahl (Striche) auf sein Blatt.

Begonnen wird gemeinsam nach einem Startsignal, wer zuerst die entsprechenden Beine gemalt hat, ruft Stopp und alle müssen sofort den Stift hinlegen. Stimmt die Antwort, bekommt das Kind einen Punkt. Ist die Antwort falsch, dürfen die anderen ihre Antwort geben, jeder, der nun richtig antwortet, erhält einen Punkt. Nach etwa fünf Runden wird der Gewinner ermittelt.

Auf dem Blatt kann es mit der Zeit unübersichtlich werden, da helfen die unterschiedlichen Farben, die Übersicht zu behalten.

Variation: Das gesamte Tier muss gezeichnet werden, neben der richtigen Anzahl der Beine gibt es weitere Punkte für besondere Merkmale des Tieres, z. B. Schweineschnauze.

Berg, Fluss, Bauwerk oder Landschaft?

Alter: ab 6 Jahren
Mitspieler: Kleingruppe
Spieldauer: ca. 30 Minuten
Material: viele kleine Zettel, Abfalleimer, Stifte, Würfel

Die Spielleitung klärt in einem Gespräch, wie Berge, Flüsse, Bauwerke oder Landschaften in Deutschland heißen, evtl. europaweit – später weltweit.

Dann wird reihum gewürfelt, beginnen darf der, der als Erster weiß, ob Deutschland von einem König regiert wird. Aus dem vorherigen Gespräch hat es sich Dinge gemerkt, die es in Deutschland gibt.
Es fragt z. B.:

- Was ist der Bayerische Wald?

Wer es weiß oder glaubt zu wissen, malt ein Symbol – für die Landschaft ist es ein Baum. Wer das richtige Symbol gemalt hat, darf seinen Zettel behalten, die anderen werfen den Zettel in den Abfall.

Für einen Berg steht ein Dreieck oder Berg.

Für den Fluss gekrümmte Linien.

Für das Bauwerk zwei Ziegelsteine.

Am Ende des Spieles zählen die Spieler ihre Zettelchen. Wer hat die meisten richtigen Antworten gewusst?

Variation: Wenn das erste Kind sein Symbol fertig gemalt hat, ruft es laut „stopp“. Sind die anderen Symbole auch schon gut zu erkennen?

Schwimmende Büroklammern

Alter: ab 6 Jahren
Mitspieler: Kleingruppe
Spieldauer: ca. 10 Minuten
Material: Schüssel mit Wasser, Draht, Zange, Büroklammern, Eieruhr, pro Spieler ein Stock

Die Spielleitung zeigt den Kindern eine Büroklammer und lässt die Kinder Vermutungen anstellen, ob die Büroklammer schwimmt oder untergeht. Erfahrene Wasserforscher wissen, dass sie nicht untergeht, sondern von der Oberflächenspannung des Wassers getragen wird, wie etwa die Wasserläufer.

Jedes Kind bekommt einen Stock (z. B. Haselnussstecken, ca. 30 cm lang) und ein Stück Draht, den es an dem Stock befestigen soll. Das andere Ende wird zu einem Haken gebogen.

Die Schüssel ist mit Wasser gefüllt und die Kinder legen vorsichtig Büroklammern auf die Wasseroberfläche.

Alle sitzen im Kreis um die Schüssel, die Angeln liegen vor oder neben den Kindern. Die Eieruhr wird auf fünf Minuten eingestellt. Auf das Kommando „An die Angeln – fertig – los" beginnen sie mit dem Haken nach den Büroklammern zu angeln. Es darf nur die Hand mit der Angel benutzt werden, die andere Hand wird auf dem Rücken gehalten. Nach fünf Minuten zählt jeder Angler seine Beute.

Gewonnen hat der Angler mit den meisten Büroklammern, wenn er auch noch sagen kann, warum die Büroklammern auf dem Wasser schwimmen. Kann ein anderes Kind die Frage statt des Gewinners an Klammern beantworten, gibt es zwei Gewinner.

Der schlaue Kater Löwenzahn

Alter: ab 5 Jahren
Mitspieler: Großgruppe
Spieldauer: ca. 10 Minuten
Material: Bindfaden, Wäscheklammern, Bild von einer Eidechse

Die Kinder sitzen im Kreis. Die Spielleitung erzählt den Kindern vom schlauen Kater Löwenzahn, der ein guter Jäger war und am allerliebsten Eidechsenschwänze fraß. Er wusste genau, dass die Eidechsen ihren Schwanz abwerfen konnten, um sich selbst in Sicherheit zu bringen. Und seit ihm einmal eine Eidechse in die Lippe gebissen hat, fängt er nur noch ihre Schwänze. Die Spielleitung zeigt den Kindern das Bild einer Eidechse.

Dann wird ein Kind ausgesucht, das Kater Löwenzahn sein darf. Mit einer Wäscheklammer wird allen anderen Kindern am Rücken, beispielsweise am Hosenbund, ein Bindfaden befestigt, der etwa einen halben Meter auf dem Boden schleift. Auf das Signal „Miau, ich komme!" läuft der Kater Löwenzahn hinter den Eidechsen her und versucht, auf ihre Schwänze zu treten. Die Eidechsen versuchen ihre Schwänze vor Kater Löwenzahn in Sicherheit zu bringen. Hat er einen Schwanz erwischt, bringt sich die Eidechse unter einem dicken Stein in Sicherheit (scheidet aus).

Die letzte übrig gebliebene Eidechse mit Schwanz muss nun die Frage beantworten: „Warum wirft eine Eidechse ihren Schwanz bei Gefahr ab?"

Antwort: „Um sich selbst in Sicherheit zu bringen."

Die schlaue Eidechse darf in der nächsten Runde Kater Löwenzahn sein.

Abrakadabra, der große Zauberer Amadeus Abarax

Alter: ab 5 Jahren
Mitspieler: Großgruppe
Spieldauer: 5 bis 10 Minuten
Material: Tisch, Umhang, Zauberhut, Zauberstab, Pfeffer und Salz, Plastiklöffel, Wollpullover

Wichtig: der Zauberer sollte einen Wollpullover anhaben.

Ein Kind, das einen Wollpullover trägt, wird mit Zauberhut, Zauberstab und Umhang als Zauberer verkleidet und als der weltbekannte und weltgrößte Zauberer „Amadeus Abarax" angekündigt (von der Spielleitung oder einem älteren Kind). Aus vielen gefährlichen Situationen, die ihm auf der ganzen Welt begegneten, konnte er nur durch seine Zauberkunst entkommen. Ein paar fantasievoll ausgeschmückte Beispielgeschichten folgen.

Der Zauberer tritt hervor und lässt sich bejubeln und beklatschen. Legt sich der tosende Beifall, schüttelt er in einer mächtigen Bewegung Salz und Pfeffer auf den Tisch und vermischt beides mit dem Zauberstab.

Nun behauptet er, Salz und Pfeffer wieder trennen zu können. Den Plastiklöffel reibt der Zauberer kräftig, aber nicht zu auffällig, an seinem Wollpullover (ein Wolltuch erfüllt den gleichen Zweck).

Der große Zaubertrick: Er hält den Löffel über das graue Salz-Pfeffer-Häufchen auf dem Tisch und – Abrakadabra –der Pfeffer klebt am Löffel.

Pures Erstaunen macht sich breit und bietet Anlass für einen tosenden Beifall.

Lösung: Durch die Reibung am Wollpulli oder Wolltuch wird der Plastiklöffel elektrostatisch aufgeladen und übt auf die ungeladenen Körnchen eine Anziehung aus. Da Pfeffer leichter als Salz ist, springt er zuerst zum Löffel hoch. Um die Salzkörnchen springen lassen, muss der Löffel nur etwas tiefer gehalten werden.

Wichtig für die naturwissenschaftliche Förderung – es gibt keine Zauberei! Es ist alles erklärbar!

Das kann nur Zauberei sein

Alter: ab 4 Jahren
Mitspieler: Großgruppe
Spieldauer: ca. 5 Minuten
Material: Zaubererverkleidung, Tisch (Tischchen), Plastikteller, Flasche mit Wasser (evtl. mit Glitzer), Münzen

Bevor der große Zauberer auftritt, wird es ganz ruhig – der Zauberer erscheint – Applaus!

Er geht mit einem Teller mit 10 Münzen herum, davon dürfen die Zuschauer drei bis fünf Münzen auswählen, die für die Zaubershow eingesetzt werden sollen. Er geht zum Tisch zurück, holt den Plastikteller, hebt ihn hoch, sodass alle den Teller gut sehen können. Die ausgewählten Münzen werden auf den Teller gelegt.

Er geht noch einmal zu den Zuschauern und zeigt ihnen sein besonderes Zauberwasser. Zurück am Tisch schwingt er seinen Zauberstab über dem Zauberwasser und spricht den Zauberspruch. Nun wird das Zauberwasser vom großen Meister in den Teller geschüttet.

Er wählt sich eine Assistentin oder einen Zauberlehrling aus. Der besondere Auftrag lautet: „Wenn ich mich gleich umdrehe und nichts mehr sehe, wähle eine Münze aus. Halte sie zuerst in der geschlossenen Hand und zeige sie den Zuschauern. Sie dürfen sie auch in die Hand nehmen und genau anschauen. Halte sie danach noch einmal in der geschlossenen Hand, dann lege die ausgewählte Münze in den Teller mit Zauberwasser zurück. Dann werde ich, der große Zauberer Amadeus Abarax herausfinden, welches die ausgewählte Münze ist."

Ohne dass der Zauberer hinsieht, wird nun die Münze ausgewählt und zurück ins Wasser gelegt. Der große Zauberer schwingt bedeutungsvoll den Zauberstab und hält nacheinander die Geldstücke an die Lippen.

Zum absoluten Erstaunen des Publikums findet er sicher die Münze heraus. Das ist einen tosenden Applaus wert.

Lösung: Metall ist ein guter Wärmeleiter, die Münze hat die Wärme der Hand angenommen. Da Plastik ein schlechter Wärmeleiter ist, wird nach dem Zurücklegen kaum Wärme abgegeben. Wichtig: Für einen weiteren „Zaubertrick" müssen alle Münzen wieder abgekühlt sein.

Klebende Gläser

Alter: ab 5 Jahren
Mitspieler: Großgruppe
Spieldauer: ca. 10 Minuten
Material: Zaubererverkleidung, 2 gleich große Wassergläser, nasses Löschblatt, Teller, Wasser, Teelicht, Feuerzeug

Wieder tritt der große Zauberer Amadeus Abarax mit einem neuen Kunststück auf. Er stellt ein Teelicht in ein Wasserglas, zündet das Teelicht an, legt das Löschblatt in den Teller und macht es mit „Zauberwasser" nass. Dann legt er das nasse Löschblatt über die Öffnung des Glases, in dem die brennende Kerze steht, und stülpt das andere Glas darauf. Nach wenigen Sekunden erlischt die Flamme und beim Anheben kleben die beiden Gläser aneinander.
Großer Applaus für den Künstler, wie konnte das nur wieder möglich sein?

Lösung: Da das Löschpapier luftdurchlässig ist, brennt die Flamme so lange, bis der Sauerstoff in beiden Gläser verbraucht ist (deshalb sind gleiche Gläser wichtig, die genau aufeinander passen). Da der Sauerstoff (ca. 20 % der Luft) durch die Flamme verbraucht wird ohne dass Luft nachströmen kann, entsteht in den Gläsern ein Unterdruck. Der Luftdruck von außen presst sie zusammen.

Gespensterlärm und Erbsenkönig

Alter: ab 3 Jahren
Mitspieler: Kleingruppe
Spieldauer: ein Vormittag
Material: Weinglas, Wasserglas, Metalltablett, trockene Erbsen, Wasser, Krug

Ein Weinglas wird mit trockenen Erbsen gefüllt und bis zum Rand mit Wasser aufgegossen. Das Glas wird auf ein Metalltablett gestellt. Das Metalltablett steht auf einem Wasserglas, damit später die Erbsen besser zu hören sind. Es scheint, als wenn die Erbsen immer mehr im Glas werden, ein Erbsenberg wächst.

Nun beginnt ein stundenlanger „Gespensterlärm" von herabfallenden Erbsen. Hört ein Kind die Erbsen auf das Tablett plumpsen, sammelt es die Erbsen auf. Wer hat am Ende des Spiels die meisten Erbsen aufgesammelt?

Information für ältere Kinder: Wie ist das möglich, warum werden die Erbsen mehr? Die Erbsen werden nicht mehr, das Wasser dringt durch die Schale in die Zellen der Erbsen und löst ihre Nährstoffe. Der dabei entstehende Druck lässt die Erbsen dick aufquellen. Im Glas wird der Platz knapp und nach und nach fallen Erbsen über den Rand des Glases auf das Metalltablett.

Rhythmus und Klang

Silben, Verse und Reime

Kinder im Vorschulalter verfügen bereits über ein großes Sprachverständnis und über viele unterschiedliche und Sprachfähigkeiten und -fertigkeiten. Die Freude am Spiel mit der Sprache sollte gefördert werden, etwa durch einfache Sprachspiele wie das Silbentrennen mit Klatschen oder großen Schritten, bei denen alle untergehakt nebeneinander her gehen. Rhythmus und Klang unserer Sprache geben Kindern Anregungen für den Umgang mit Worten und helfen ihnen, sich Inhalte zu merken. Diese Erfahrungen sind wichtige Grundlagen für die Rechtschreibung.

Das spannende Sil-ben-wür-feln

Alter: ab 5 Jahren
Mitspieler: Einzelbeschäftigung, Kleingruppe
Spieldauer: ca. 20 Minuten
Material: Blanko-Würfel, Filzstift, ca. 10 bis 15 unterschiedliche kleine Gegenstände aus dem Gruppenraum

Vorbereitung: Die Spielleitung versieht den Würfel mit Punkten:

- 2 Seiten mit je 1 Punkt
- 2 Seiten mit je 2 Punkten
- 1 Seite mit 3 Punkten
- 1 Seite mit 4 Punkten

Die Kinder sitzen am Tisch. Sie können auch zum Einstieg den Würfel am Tisch mit den Punkten (Augenzahlen) versehen. Das weckt das Interesse am Spiel und steigert die Bereitschaft mitzuspielen.

Das erste Kind würfelt. Der Würfel zeigt z. B. drei Punkte. Die Aufgabe ist es, einen Gegenstand im Gruppenraum zu finden, dessen Name bzw. Bezeichnung aus drei Silben besteht.

Das Kind macht sich im Gruppenraum auf die Suche, beim Bilderbuch, einem Schmetterling oder Bauklötzen wird es fündig. Nun ist es seine Aufgabe, das Teil auf den Tisch zu legen und das Wort in Silbentrennung zu klatschen und gleichzeitig zu sagen: Schmet-ter-ling oder: Bau-klötz-chen.

Danach wird reihum weitergewürfelt. Es ist für die Kinder hilfreich, wenn die Teile gut sichtbar im Raum oder auf dem Tisch aufgebaut sind. Die Kinder finden das Wort schneller, wenn sie die Gegenstände vor sich sehen.

Variationen für ältere Kinder: Mit einem handelsüblichen Würfel können die Kinder, die schon geübt oder älter sind, auf die Suche nach extralangen Wörtern oder kleineren Sätzen gehen.
Mit einer „6“ könnte aus dem Plüschtier „Maus“ der Satz entstehen: Maus schaut aus ihrem Haus.
Ein Wort aus vielen Silben ist beispielsweise „Pup-pen-ba-de-wan-ne“.

Mit Silben in die weite Welt reisen

Alter: ab 5 Jahren
Mitspieler: Kleingruppe
Spieldauer: ca. 15 Minuten
Material: 2 Seile oder Kreide

Im Abstand von acht bis zwölf Metern wird mit Kreide oder Seilen eine Start- und Ziellinie markiert. Alle Kinder stehen auf der Startlinie. Die Spielleitung fragt die Kinder: „Welches Land beginnt mit D“?“ Wer zuerst die Antwort ruft, darf zur Ziellinie gehen.

Ein Kind, das auf der Startlinie steht, fragt: „Sag mir bitte, wie weit darf ich reisen?“ Das Kind, das an der Ziellinie steht, ist der Reiseleiter und sagt, wohin die Reise geht. Es nennt den Namen eines Landes laut, z. B. Hol-land. Alle Kinder klatschen die Silben mit und nennen das Land. Das Kind zählt die Silben mit und darf also zwei nach vorne gehen (2 Silben = 2 Reiseschritte). Dann fragt das nächste Kind, wohin es reisen darf. Wer als Erster nach einigen Spielrunden die Ziellinie erreicht hat, darf für das nächste Spiel der Reiseleiter sein.

Variation: Soll das Spiel schneller gespielt werden, werden mit dem Ziel Aufträge verbunden, z. B. nach Eng-land, die Kö-ni-gin be-su-chen = 9 Schritte oder nach Po-len zum En-ten füt-tern = 7 Schritte.

Mit Reimwörtern springen

Alter: ab 4 Jahren
Mitspieler: Großgruppe
Spieldauer: ca. 15 Minuten
Material: 2 Seile oder Kreide

Im Abstand von acht bis zwölf Metern wird eine Start- und eine Ziellinie markiert. Alle Kinder stehen auf der Startlinie und die Spielleitung nennt ein Wort, zu dem die Kinder so schnell wie möglich ein Reimwort finden sollen. Wer es zuerst nennt, darf mit der Spielleitung zur Ziellinie; das Kind ist der Wortfinder und die Spielleitung der Berater. Ältere Kinder können evtl. auf den Berater verzichten.

Der Wortfinder überlegt sich ein Wort, die Spielleitung prüft, ob die Kinder dazu ein Reimwort finden können. Wenn ja, ruft das Kind das Wort laut. Jedes Kind, das auf das Wort ein Reimwort nennt, darf einen weiten Sprung (mit beiden Beinen gleichzeitig springen) machen. Jedes Reimwort darf natürlich nur einmal genannt werden. Gewonnen hat das Kind, das zuerst beim Wortfinder ankommt. Das Kind darf in der nächsten Runde Wortfinder sein.

Reimworte zu finden und Reime zu bilden erleichtert das Erlernen der Rechtschreibung. Diese Erkenntnis ist erst wenige Jahre alt. Kinder erfahren beim Reimen, dass es Worte gibt, die eine ganz neue Bedeutung bekommen, wenn nur ein Laut geändert wird. Beim Schreiben erfahren sie dann, dass sich meist nur ein Buchstabe ändert, wie bei den Reimworten: Mutter, Butter, Futter, Kutter. Das Singen von Kinderliedern, das Vorlesen und Lernen von Gedichten sowie das gemeinsame Ausdenken von Reimen hilft den Kindern beim Schulstart und führt zur sprachlichen Kreativität.

Wo sind die Bremer Stadtmusikanten?

Alter: ab 4 Jahren
Mitspieler: Großgruppe
Spieldauer: ca. 5 Minuten
Material: Tiermasken

Kennen alle Kinder das Märchen von den Bremer Stadtmusikanten? Die Kinder sitzen im Kreis und die Spielleitung erzählt den Kindern, dass in jedem Zoo die Tiere aus einem bekannten Märchen zu finden sind. Das Märchen erzählt von einer Stadt, zu der die vier Tiere wollen, um etwas ganz Bestimmtes zu werden. Wer kann das Rätsel lösen?

Der Esel, der Hund, der Kater und der Hahn wollten nach Bremen, um Stadtmusikanten zu werden.

Ein Kind verlässt den Stuhlkreis, sodass es nicht hören kann, was die Gruppe vereinbart. Die anderen Kinder besprechen mit der Spielleitung: Wer spielt Esel, Hund, Kater und Hahn, welche Stimmen und Laute geben die Tiere von sich und was machen sie – Gestik und Mimik?

Das Kind wird zurückgerufen. Es erhält die Aufgabe, einmal im Kreis herum zu gehen und die Tiere zu betrachten und zu hören, welche Laute sie von sich geben.

Bei der zweiten Runde muss es den Esel ausfindig machen, anfassen und hinter sich her gehen lassen. Bei der dritten Runde den Hund. Bei der vierten Runde den Kater und bei der fünften Runde den Hahn.

Ist das Kind alle fünf Runden gegangen und hat es alle Tiere gefunden, machen die Tiere zum Schluss noch einmal laut ihre Tierstimmen-Musik.

Flohzirkus

Alter: ab 3 Jahren
Mitspieler: Einzelbeschäftigung, Kleingruppe
Spieldauer: ca. 5 Minuten
Material: Hut

Wissen alle Kinder, was ein Flohzirkus ist? Wenn die Kinder es noch nicht kennen, erzählt die Spielleitung den Kindern von den kleinen Künstlern.

Dann wird ein kleiner Auftritt vorbereitet. Die Spielleitung spielt mit den Kindern Zirkus. Alle Kinder sitzen im Stuhlkreis (in der Zirkusmanege). Ein Kind, das gerne den Floh spielen möchte, wird ausgewählt. Nach kurzem Einüben mit der Spielleitung sagt es den folgenden Text auf:

Es war einmal ein Floh
der hüpfte und war froh,
und weil er Kinder so gern mag,
sagt er dir heute guten Tag.

Die Aufgabe des Flohs ist, im ersten Textteil herum zu hüpfen, ein Kind auszuwählen, sich vor dem Kind zu verbeugen, den Hut zu ziehen, dem Kind die Hand zu geben und guten Tag zu sagen. Anschließend übernimmt das Kind die Rolle des Flohs, das vorher begrüßt wurde, der erste Floh setzt sich zurück in die Manage.

Das Lernen von Versen schult das Erinnerungsvermögen, erweitert den Wortschatz und fördert das Selbstbewusstsein. Verse und Gedichte lernen machen das Gehirn fit, Dinge wahrzunehmen und sich zu merken.

Wer steigt auf meinen Rücken?

Alter: ab 3 Jahren
Mitspieler: Kleingruppe
Spieldauer: ca. 5 Minuten

Ein Kind legt sich auf den Bauch und ein anderes steht mit gegrätschten Beinen über dem Rücken des ersten Kindes.
Das stehende Kind spricht den Reim:

Ein ganz, ganz kleines Zwerglein
klettert auf ein Berglein,
rutscht dann leicht und munter
das Berglein sanft hinunter.

Beide Hände des stehenden Kind klettern im Fingerwechsel von der Mitte aus den Rücken hinauf nach oben und gleiten sanft mit flach aufliegenden Händen den Rücken entlang nach unten. Dabei wird der Text von dem Kind, das massiert wird, mitgesprochen. Danach wird gewechselt.

Die Rückenmassage soll die Darstellungsfreude, die Sprachfertigkeit, die taktile Wahrnehmung und die Handgeschicklichkeit fördern.

Wer spielt heute Theater?

Alter: Ab 3 Jahren
Mitspieler: Kleingruppe, Großgruppe
Spieldauer: ca. 5 Minuten
Material: pro Kind eine Rasseldose, diverse Requisiten

Fünf Kinder bekommen Requisiten, die zum folgenden Vers passen, z. B. einen Geldbeutel, der dick mit Geldscheinen (Papierstücken) gefüllt ist und Reichtum darstellt, ein Handtuch und eine Sonnenbrille, die einen Darsteller zum Scheich machen, eine Nikolausmütze und ein Bart für den Nikolaus, ein Stück Kordel als Mäuseschwanz und eine Zwergenmütze für den Kleinsten.

Dann kommt der Auftritt der Fünf, bei dem sie jeder nacheinander vortreten und ihren kurzen Satz sagen.

Der sagt: Ich bin mächtig und reich!
Der sagt: Ich bin der Wüstenscheich!
Der sagt: Ich bin der Nikolaus!
Der sagt: Ich bin eine süße Maus!
Der Kleinste sagt: Ich glaub ihr spinnt!
Ihr wisst doch, dass wir alle Finger sind!

„Der sagt" wird von allen fünf Kindern gesprochen und mit den Rasseldosen begleitet, anschließend ist der jeweilige Darsteller an der Reihe.

Nach dem letzten Satz wird noch einmal kräftig gerasselt, danach verbeugen sich die Schauspieler und bekommen Applaus!

Dann sind fünf andere Kinder an der Reihe.

Das alte Fingerspiel wird zum Theaterstückchen, das die Freude am Sprechen und am Rollenspiel fördert – und natürlich auch Mut und Selbstbewusstsein.

Buchstaben-Zauber

Spiele mit Buchstaben und Wörtern

Schon im vorschulischen Alter erleben die Kinder den Bildungsbereich Sprache und Literacy in seiner großen Vielfältigkeit. Buchstaben hören, wiedererkennen, Silbenklatschen und vieles mehr führen die Kinder in weiteren Schritten zum selbstständigen Schreiben und Lesen und zu einem großen Stück Selbstständigkeit. Neben den vielen Angeboten durch Gespräche, Bilderbücher und Geschichten fördern die folgenden Spiele die Kinder. Durch die lustigen, kurzweiligen, lehrreichen Spiele bekommen die Kinder Wissen und Freude am Lernen vermittelt.

A wie Affe

Alter: ab 6 Jahren
Mitspieler: Großgruppe
Spieldauer: ca. 20 Minuten
Material: Buchstabenkarten, Säckchen, Glasnuggets

Die Kinder sitzen im Kreis, eins wird von der Spielleitung ausgesucht, das sich einen Fragenbereich ausdenkt: Pflanzen, Tiere, Menschen (Berufe), Spielsachen, alles, was gut schmeckt. Das Kind gibt den Fragenbereich bekannt. Es geht zum ersten Kind, das eine Buchstabenkarte aus dem Säckchen nehmen darf. Dann geht das Kind mit dem Buchstabensäckchen zum nächsten Kind im Kreis usw. Die Aufgabe der Kinder ist es nun, sich zu dem Bereich etwas zu überlegen, das mit dem von ihnen gezogenen Buchstaben beginnt.

Einmal im Kreis herum, sind die Aufgaben verteilt. Nun wird das erste Kind befragt, was es zu dem Bereich gefunden hat. Ist die Antwort richtig, bekommt es ein Glasnugget. Jeder gibt nun seine Antwort und alle anderen passen gut auf. Danach werden die Buchstabenkärtchen wieder in das Säckchen gegeben.

Nun stellt das nächste Kind einen Fragenbereich vor und die neue Spielrunde beginnt. Das Spiel ist beendet, wenn jedes mitspielende Kind einen Fragenbereich vorgegeben und Antworten gesammelt hat. Gewonnen hat, wer die meisten Glasnuggets sammeln konnte.

Namen angeln

Alter: ab 6 Jahren
Mitspieler: Großgruppe
Spieldauer: ca. 15 Minuten
Material: Schüssel, Sprudelwasser, Überraschungsei-Kapseln, Permanent-Marker, Gummibärchen, Stoppuhr, Würfel

Vorbereitung: Die Spielleitung schreibt den Namen jedes Kindes mit Druckbuchstaben auf eine Überraschungsei-Kapsel und versteckt in jeder Kapsel ein Gummibärchen. Dann wird Sprudelwasser in eine Schüssel gefüllt und alle Kapseln werden in die Schüssel gegeben.

Die Kinder sitzen im Kreis, es wird reihum gewürfelt. Das Kind, das die höchste Zahl erwürfelt hat, darf beginnen. Mit den Händen auf dem Rücken muss es seine markierte Kapsel mit den Zähnen herausholen. Dabei wird die Zeit gestoppt.

Dann beginnt unter den restlichen Kindern die nächste Würfelrunde. Haben alle ihre Kapseln aus der Schüssel geholt, wird verglichen, wer am wenigsten Zeit dafür gebraucht hat. Der Schnellste gewinnt. Die Gummibärchen dürfen nach dem Spiel gegessen werden.

Wörter hüpfen

Alter: ab 5 Jahren
Mitspieler: Kleingruppe
Spieldauer: ca. 5 Minuten
Material: Straßenmalkreide

Die Kinder malen im Freien einen großen Hüpfkasten mit 20 Feldern auf den Asphalt. In jedes Feld wird ein Buchstabe (Alphabet ohne J, U, V, X, Y und Z) geschrieben.

Gemeinsam werden die Buchstaben benannt und entsprechende Wörter zu den Buchstaben gesucht. Das jüngste Kind darf beginnen oder bei älteren Kindern dasjenige, dessen Vorname alphabetisch zuerst kommt.

Der erste Spieler hüpft auf das Feld A und sagt dabei ein Wort, das mit A beginnt. Danach hüpft er noch einmal auf das A, aber schon in Blickrichtung zum B und wiederholt das Wort, das mit A beginnt. Noch einmal wird das Wort wiederholt, bevor er auf das B springt. Alle Mitspieler achten darauf, dass die Reihenfolge genau eingehalten und jedes Wort drei Mal genannt wird. Wer einen Fehler macht, beginnt bei der nächsten Spielrunde an der entsprechenden Stelle noch einmal. Entscheidend ist, die Kästchen in der richtigen Reihenfolge zu hüpfen und sich dabei die Begriffe zu merken. Benötigt ein Spieler zu lange Zeit für einen Begriff, muss er auch aussetzen und kann sich in Ruhe den Begriff überlegen, bis er zum nächsten Mal an der Reihe ist.

Variation: Schwieriger wird das Spiel, wenn Bereiche festgelegt werden, aus denen der genannte Begriff stammen muss, z. B. nur Namen, Tiere, Lieblingsgerichte oder Spielsachen.

Mein Hase ist ein Wundertier

Alter: ab 4 Jahren
Mitspieler: Großgruppe
Spieldauer: ca. 5 Minuten
Material: Plüschtier Hase

Die Kinder fassen sich bei den Händen und bilden einen Kreis. Ein Plüschhase wird in den Kreis gesetzt, die Kinder gehen im Uhrzeigersinn um den Hasen herum und singen.

Mein Hase ist ein Wundertier,
warum, das sage ich nur dir:
Zupf ich ihn am Öhrchen,
dann will er kleine Möhrchen,
zupf ich ihn am Schwänzchen,
wünscht er sich ein Tänzchen.
Zupf ich ihn am Fell,
ruft er 'ne Farbe schnell.
Rot ist meine Farbe,
die ich so gern habe.

Das Kind, das zuerst etwas Rotes an seiner Kleidung findet, ruft „Rot sind meine Strümpfe, so rot wie Rosen."

Es darf dann in die Kreismitte zum Hasen und alles, das mit dem Hasen machen, was im Lied besungen wird. Das Kind, das in der Mitte beim Hasen ist, darf auch die neue Farbe bestimmen. Nun schaut jeder, ob er die Farbe an seiner Kleidung findet und wer am schnellsten antwortet, darf nun in den Kreis und mit dem Hasen spielen und tanzen.

Spiel für schnelle Zeichner

Alter: ab 6 Jahren
Mitspieler: Kleingruppe
Spieldauer: ca. 25 Minuten
Material: Buchstabenwürfel oder Buchstabenzettel, Sand- oder Stoppuhr, Zeichenblätter und Stifte

Die Kinder sitzen mit Blatt und Stift am Tisch. Ein Kind, das durch Auszählen ermittelt wird, darf zuerst würfeln oder ein Buchstabenlos ziehen. Es versucht den Buchstaben zu benennen, evtl. mit Hilfe. Anschließend überlegt sich jeder Mitspieler einen Begriff mit diesem Buchstaben. Die Begriffe werden genannt und einer davon ausgewählt, der anschließend von jedem in der begrenzten Zeit so oft wie möglich gezeichnet wird. Zum Schluss wird gezählt. Wer die Idee für das Wort hatte, bekommt einen Punkt. Für je fünf fertig gemalte Dinge gibt es einen weiteren Punkt.

Wer nach drei Spielrunden die meisten Punkte gesammelt hat, hat gewonnen. Es wird natürlich noch eine weitere Runde gespielt, damit wenigstens jeder einmal würfeln oder zeichnen durfte.

Variation für ältere Kinder: Kinder hören und sehen den Buchstaben, überlegen sich selbst einen passenden Begriff und zeichnen ihn in der begrenzten Zeit. Im Vorteil ist der Spieler, der sich eine einfache Darstellung in den Buchstaben einfallen ließ, denn er kann den Gegenstand am häufigsten zeichnen.

Wieder wird für je fünf Gegenstände ein Punkt vergeben. Ist der Gegenstand von nur einem Spieler gezeichnet worden, gibt es noch einmal zwei Zusatzpunkte. Der Gewinner wird nach mehreren Spielrunden ermittelt.

Worte finden

Alter: ab 5 Jahren
Mitspieler: Kleingruppe
Spieldauer: ca. 30 Minuten
Material: Illustrierte, Kärtchen, Scheren, Klebstoff

Vorbereitung: Die Kinder suchen in den Illustrierten Bilder von einzelnen Gegenständen (Blume, Haus, Garten, Auto, Ball usw.), schneiden sie aus und kleben sie auf Kärtchen.

Bei diesem Spiel zur Wortschatzerweiterung und -vertiefung werden alle Karten offen auf den Tisch gelegt. Ein Kind gibt dem gegenübersitzenden Kind eine Karte und dieses Kind hat nun die Aufgabe, ein passendes Wort zu finden, sodass aus den beiden Worten ein neuer, sinnvoller Begriff entsteht.

Die Zeit wird gestoppt.

Beispiel
Haus und Tür = Haustür
Korb und Katze = Katzenkorb
Stuhl und Kissen = Stuhlkissen

Hat das Kind ein passendes, sinnvolles Wort gefunden, erhält es die beiden Karten. Findet das Kind kein Wort, wird die Karte zurückgelegt oder aus dem Spiel genommen. Wer am Spielende, nachdem alle Karten zugeordnet sind, die meisten Wortpaare gefunden hat, hat gewonnen.

Variation: Die Spielleitung hält eine Karte hoch und alle am Spiel beteiligten Kinder suchen ein passendes Bild für eine neue Wortkombination.

Antworten, ohne die Frage zu kennen

Alter: ab 9 Jahren
Mitspieler: Großgruppe
Spieldauer: ca. 15 Minuten
Material: Papierzettelchen, Stifte, 2 Kartons

Fragen und Antworten, die nicht zusammen gehören, ergeben oft viel Spaß. Die Kinder sitzen am Tisch. Die Spielleitung erklärt den Kindern: „Denkt euch lustige und komische Fragen aus, auf die es vielleicht gar keine richtige Antwort gibt."

Jeder schreibt die Frage auf sein Blatt, z. B. „Warum hat der Mensch Haare?" oder „Wer kann so schön singen, wie ein Vogel?"

Nun faltet jeder seinen Zettel, die Fragen bleiben geheim. Die Zettel werden im ersten Karton gesammelt und gemischt. Dann überlegt sich jeder irgendeine Antwort auf eine Frage, die ihm gerade einfällt. Etwa: „Warum braucht man Straßenlaternen? – Weil es nachts dunkel wird." Die Antwort wird wiederum auf einen Zettel geschrieben. Alle Antwort-Zettel werden im zweiten Karton gesammelt und gemischt. Dann öffnet reihum ein Kind zuerst einen Frage-, dann einen Antwortzettel und liest ihn laut vor.

Das schmeckt gut

Alter: ab 7 Jahren
Mitspieler: Kleingruppe, Großgruppe
Spieldauer: ca. 5 Minuten
Material: Tafel, Kreide, Memozettel, Stifte, Körbchen

Die Spielleitung thematisiert in der Runde mit allen Kindern, was die Lieblingsgerichte der Kinder sind und was sie sonst noch gern essen oder naschen.

Die Antworten werden in Großbuchstaben auf Zettel geschrieben, darunter schreibt die Spielleitung die Buchstaben noch einmal in beliebiger Reihenfolge auf. Alle Zettel werden wie Lose gefaltet und in das Körbchen gelegt.

Ein Kind zieht einen Zettel, schreibt den „Buchstabensalat" auf die Tafel und alle anderen Kinder versuchen, das Wort zu ermitteln. Das Kind, das den Zettel gezogen hat und der Spielleiter dürfen Hilfen geben. Wer den Begriff zusammengesetzt und herausgefunden hat, bekommt den Zettel.

Wer am Spielende die meisten Zettel hat, ist Wortpuzzle-Prinz oder -Prinzessin. Vielleicht erhalten Sie als Preis ein „RIBCEMNGMUÄH".

Einfachere Variation: Die Worte werden einfach nur rückwärts geschrieben und müssen deshalb von hinten nach vorne gelesen werden: „NEHCUKNNAFP".

Buchstabensuppe

Alter: ab 8 Jahren
Mitspieler: Kleingruppe
Spieldauer: ca. 20 Minuten
Material: Papier, Stifte

Die Kinder sitzen am Tisch und malen drei Kreise, die Teller der Buchstabensuppe, auf ihr Blatt. Jedes Kind denkt sich drei Wörter mit jeweils fünf Buchstaben aus. Die Wörter werden in die Kreise geschrieben, aber die Buchstaben nicht in der üblichen Reihenfolge, sondern beliebig schwimmen sie im Teller herum. So wie die Buchstaben aus Nudelteig in der Suppe schwimmen.

Die Zettel werden ausgetauscht und nun versuchen die Kinder, die Wörter wieder richtig zusammenzusetzen.

Kunterbunter Denkspaß

Rätsel-, Konzentrations- und Wissensspiele

Kinder haben Freude daran, wie Detektive etwas herauszufinden, aber sich im Wettkampf mit anderen zu messen, macht genauso viel Spaß. Die folgenden Spiele fordern die Kinder zum Mitmachen und Mitdenken heraus, manchmal geht es auch darum, besser als die anderen zu sein. Im Rahmen von kurzweiligen Spielen macht das Nachdenken Freude und unterscheidet sich dadurch vom Schullernen.

Alleine spielen – Sudoku

Alter: ab 5 Jahren
Mitspieler: Einzelbeschäftigung
Spieldauer: ca. 20 Minuten
Material: viermal vier kleine Gegenstände (z. B. Glasnuggets, Münzen, Nüsse, Spielsteine, Knöpfe), Pappe, Lineal, Stift

Vorbereitung: Auf eine Pappe wird ein Spielplan gezeichnet. Ein Quadrat von 20 x 20 cm, das in 16 Felder von je 5 x 5 cm aufgeteilt wird.

Das Kind sitzt am Tisch und hat den Spielplan vor sich.
Die Spielleitung legt die obere waagrechte Reihe vor, z. B. ein rotes Glasnugget, einen blauen Stein, ein gelbes Legetäfelchen und einen weißen Legostein. Bei diesem Sudoku ist das Prinzip das gleiche wie bei den Zahlensudokus: Ziel ist es, die Gegenstände so zu platzieren, dass in jeder Reihe, in jeder Spalte und in jedem Vier-Felder-Quadrat jeder Gegenstand nur einmal auftaucht.

Die Felder können auch senkrecht oder im Quadrat – 1. Reihe Feld 1 und 2 und 2. Reihe Feld 1 und 2 – mit Gegenständen belegt werden.

Die Aufgabe besteht darin, durch Nachdenken, Kombinieren und Ausprobieren die übrigen Felder so zu besetzen, dass die genannte Regel eingehalten wird.

Hinweis: Mit jahreszeitlich entsprechenden Holzfiguren und Blumen (Streudeko) verliert das Spiel nie an Attraktivität.

Blaue Kirschen gibt es nicht

Alter: ab 5 Jahren
Mitspieler: Großgruppe
Spieldauer: ca. 5 Minuten
Material: Straßenmalkreiden, Teer- oder Pflasterfläche, Trillerpfeife

Auf die Teer- oder Pflasterfläche werden von den Kindern mit Straßenmalkreiden Früchte gezeichnet und in der entsprechenden Farbe ausgemalt, z. B. Banane gelb und Apfel rot. Eines der Kinder malt einen Obstkorb. Ein durch Auszählen ermitteltes Kind ist der Fänger und bekommt eine Trillerpfeife. Die anderen Kinder gehen zwischen dem aufgemalten Obst herum, auf das Pfeifensignal hin sucht sich jeder ein beliebiges Obst und stellt sich dazu.

Der Fänger geht herum und fragt die Kinder, die bei dem Obst stehen, welches andere Obst sie noch mit der Farbe z. B. „Gelb, wie die Banane" kennen? Gibt es das Obst in der Farbe, darf das Kind stehen bleiben. Nennt es ein Obst, das im reifen Zustand nicht gelb ist, darf es gefangen werden. Nur wenn es den Obstkorb erreicht hat, ist es in Sicherheit.

Zwischen Wasser und Wiese

Alter: ab 8 Jahren
Mitspieler: Kleingruppe
Spieldauer: ca. 20 Minuten
Material: Papierbögen, Stifte, Kinderlexikon, Eieruhr

Die Kinder sitzen am Tisch. Ein Kind beginnt nach einem abgesprochenen Startsignal, für sich das Alphabet aufzusagen, ohne dass die anderen es hören. Ist es bei Z angekommen, fängt es wieder von vorn an. Sagt die Spielleitung „stopp", nennt das Kind den Buchstaben, bei dem es angekommen ist, z. B. das „W".

Die Spielleitung sucht eine Seite im Lexikon mit „W" heraus und schreibt das erste Wort, z. B. „Wasser", und das letzte Wort, z. B. „Wiese", oben und unten auf das Papier.

Die Kinder müssen in fünf Minuten – natürlich ohne Kinderlexikon – so viele Wörter wie möglich finden, die zwischen diesen beiden Begriffen stehen könnten. Wörter, die von mehreren Spielern gefunden wurden, bringen keine Punkte.

Das Spiel wird mit dem Kommando gestartet: An die Stifte – fertig – los!

Nach fünf Minuten beendet die Eieruhr die Spielrunde.

Das Beispiel für diese Spielrunde könnten die folgenden Wörter sein: Wasser – Wasserkreislauf, Wassermangel, Wasserverschmutzung, Wellensittich, Weltall, Werbung, Werft, Werkstatt, Wespen, Wetter – Wiese.

Nach drei Spielrunden werden die Punkte gezählt und der Gewinner ermittelt.

Wenn ein Dackel ein Hund ist – Daumen hoch!

Alter: ab 5 Jahren
Mitspieler: Kleingruppe
Spieldauer: ca. 10 Minuten
Material: Glasnuggets (größere Menge)

Die Kinder sitzen im Stuhlkreis. Die Spielleitung nennt verschiedene Tiere. Wenn ein Tier genannt wird, das zu den Hunden zählt, halten die Kinder den Daumen hoch. Ist das Tier kein Hund, zeigt der Daumen nach unten.
Beispiele:

Dackel	Fuchs
Pudel	Dogge
Bernhardiner	Terrier
Wolf	Jagdhund
Schäferhund	Windhund
Spitz	Dachs

Jedes Kind erhält fünf Glasnuggets. Ist die Frage richtig beantwortet, kommt ein Glasnugget hinzu, ist sie falsch beantwortet, wird ein Glasnugget zurückgegeben.

Bei Wolf, Fuchs und Dachs zeigt der Daumen nach unten.

Wer am Spielende die meisten Nuggets hat, hat gewonnen. Der Sieger muss jedoch nicht unbedingt ermittelt werden, das Spiel geht auch ganz ohne Glasnuggets.

Erweiterung: Wer gleich nach der Auswertung der Frage noch typische Merkmale der Rasse oder besondere, typische Aufgaben nennen kann, z. B. Schäferhund – Wachhund, schnüffelt beim Zoll nach Drogen, Blindenhund ... bekommt noch einen weiteren Glasstein.

Variation für jüngere Kinder: Es werden die Daumen bei Tieren hoch gehalten, ist es aber eine Blume oder ein Gegenstand, geht der Daumen nach unten. Natürlich gibt es Glasnuggets für die richtigen Antworten.

Wie heißt das Kind vom Huhn?

Alter: ab 5 Jahren
Mitspieler: Großgruppe
Spieldauer: ca. 10 Minuten
Material: Glasnuggets

Die Kinder sitzen im Stuhlkreis, erst wenn es ganz ruhig ist, wird von der Spielleitung die Frage gestellt, z. B.: Wie heißt das Kind von den Hühnern? Wer die richtige Antwort weiß, steigt auf den Stuhl und ruft laut „Kikeriki".

Wichtig: Nur die drei Kinder, die es zuerst geschafft haben, auf den Stuhl steigen, dürfen die Antwort geben. Wer danach auf den Stuhl steigt, muss sich wieder hinsetzen. Die drei Kinder nennen zuerst alle ihre Antwort, dann wird bestimmt, ob die Antwort richtig war und die Kinder bekommen entsprechend der richtigen Antwort und in welcher Reihenfolge sie auf dem Stuhl standen 3, 2 der 1 Nugget(s).

Ist eine Antwort falsch, bekommen nur die die Glasnuggets, die richtig geantwortet haben.

Wie heißen junge Gänse? „Gössel", man kann natürlich auch Gänseküken sagen. Die Tierkinder heißen z. B. Welpen, Lämmer, Fohlen, Zicklein, Ferkel, Küken oder Kälber.

Die männlichen Tiere heißen Stier (Bulle), Eber, Kater, Rüde, Widder, Hengst, Hahn, Erpel oder Ganter.

Die weiblichen Tiere heißen z. B. Sau, Kuh, Katze, Stute, Henne oder Glucke …

Antworten für echte Experten sind:
Hasen = Rammler oder Hasenbock
Häsin = Zibbe

Die Spielrunde ist nach etwa drei Fragen beendet und der Rundengewinner wird ermittelt (Glas nuggets zählen).

Bei vielen Spielrunden kann es viele Gewinner geben.

Was macht ein Bäcker?

Alter: ab 4 Jahren
Mitspieler: Kleingruppe
Spieldauer: ca. 5 Minuten
Material: viele kleine Zettel, Stifte, Stoppuhr bzw. Eieruhr

Die Kinder sitzen am Tisch. Jedes hat einen kleinen Zettel und einen Stift.

Die Aufgabe ist es, das Produkt zu zeichnen, das beim Handwerker entsteht bzw. ein typisches Produkt, mit dem sich eine Berufsgruppe befasst. Die Spielleitung nennt einen Beruf und auf das Kommando: „An die Stifte – fertig – los!" wird drei Minuten lang gemalt. Danach werden die Ergebnisse begutachtet und gemeinsam besprochen. Je mehr die Kinder wissen, desto mehr Berufsgruppen können miteinbezogen werden, z. B. Dienstleistungsberufe wie Krankenschwester.

Fünf- und sechsjährige Kinder wissen vielleicht schon, was ein Mathematiker oder ein Archäologe ist. Siebenjährige kann man fragen, was macht ein Broker? Ein Informatiker?

Je nach Wissensstand können die Fragen immer anspruchsvoller werden.

Gewonnen haben die Kinder, die die meisten richtigen Antworten auf einer Strichliste für sich eintragen konnten.

Erweiterung: Diese Spiele geben oft auch den Anstoß, mehr über eine Sache erfahren zu wollen. Besuche in Handwerksbetrieben und anderen Einrichtungen bieten sich an.

Gibt es das in Deutschland?

Alter: ab 5 Jahren
Mitspieler: Kleingruppe
Spieldauer: ca. 30 Minuten
Material: pro Kind eine Teilnehmerurkunde mit Lob „Du weißt schon viel über Deutschland“, Bildband von Deutschland

Die Kinder sitzen im Stuhlkreis. Vielleicht konnten die Kinder sich bereits Wissen über Deutschland durch Ausflüge und Reisen aneignen. Die Spielleitung beginnt die Kinder zu fragen:

- Wie heißt die Stadt (und das Bundesland) in der / dem wir wohnen?
- Wie heißt das Land (evtl. zwei Grenzländer), in dem wir leben?
- Gibt es in Deutschland Wälder? Welche?
- Gibt es in Deutschland Flüsse? Welche?
- Gibt es in Deutschland Seen? Welche?
- Gibt es Berge? Welche?
- Gehört auch ein Teil vom größten europäischen Hochgebirge, den Alpen, zu Deutschland?
- Können wir in Deutschland ans Meer fahren?
- Heißt das Meer Nordsee oder Mittelmeer?
- Leben in den Wäldern Affen, Löwen, Saurier oder Hirsche?
- Wie heißt unsere Sprache, ist es Englisch, Französisch oder …?
- Welche Sprachen werden in Deutschland gesprochen? (Auch Dialekte)
- Welche Gebäude stehen in Deutschland?
  - Kölner Dom
  - Eifelturm
  - Brandenburger Tor
  - Reichtagsgebäude
- Wie heißt der höchste Berg Deutschlands?
  - Autospitze
  - Kutschenspitze
  - Zugspitze (Zugspitze ist 2962 Meter hoch)
- Der längste Fluss in Deutschland heißt?
  - Elbe
  - Main
  - Rhein (Der Rhein ist 1230 km lang und fließt fast 900 km durch Deutschland)

- Wie heißt das größte Mittelgebirge Deutschlands?
  - Die bunte Wiese
  - Der Schwarzwald
  - Das rote Moor

Es muss nicht alles gewusst werden, es kann auch mal nachgeschlagen, geraten oder erklärt werden. Jeder wird dafür, dass er mitgemacht hat, gelobt und bekommt eine Urkunde. Wiederholen und erweitern Sie das Spiel, so merken es sich die Kinder besser und lernen hinzu.

Von Klein nach groß

Alter: ab 5 Jahren
Mitspieler: Kleingruppe, Großgruppe
Spieldauer: 20 bis 30 Minuten
Material: 2 Bälle, 6 Hindernisse (Kegel oder Hausschuhe), 2 Seile

Es werden zwei gleichstarke Gruppen gebildet, die sich in zwei parallelen Reihen hintereinander aufstellen.

Mit den Seilen wird die Start- und Ziellinie gekennzeichnet, die wenige Meter auseinander liegen. Zwischen den Seilen werden je drei Hindernisse hintereinander aufgebaut. Gegenüber der Startlinie hinter der Ziellinie sitzt der Spielleiter.

Die beiden ersten Spieler jeder Gruppe stehen auf der Startlinie. Auf das Kommando der Spielleitung hin rollen die beiden Spieler um die Wette ihre Bälle um die Hindernisse in einer Schlangenlinie zum Ziel. Dort melden sie sich beim Spielleiter mit: „Bitte die Quizfrage!" Der Spielleiter nennt drei Tiere in unterschiedlichen Größen in beliebiger Reihenfolge, z. B. Löwe, Eichhörnchen, Pinguin. Die Kinder bringen die Tiere in die richtige Reihenfolge und nennen laut die Tiere von klein nach groß – „Eichhörnchen, Pinguin, Löwe". Dann eilen sie mit dem Ball unter dem Arm zurück und geben den Ball dem nächsten Spieler der eigenen Gruppe, der schon an der Startlinie wartet. Nun beginnt die nächste Staffelrunde.

Die Spielleitung schreibt jede richtige Antwort mit zwei Punkten der entsprechenden Staffelmannschaft gut. Die Gruppe, deren Spieler zuerst alle einmal die Frage beantwortet haben und vom Lauf zurück sind, bekommt zusätzlich fünf Punkte. Nach drei Staffeldurchgängen kann die Gesamtsiegermannschaft ermittelt werden.

Hinweis: Dieses Spiel lässt sich auch mit Pflanzen und Gegenständen spielen, z. B. Radiergummi, Schulranzen, Stift.

Variation für jüngere Kinder: Welches Tier ist größer? Nur zwei Tiere nehmen (Elefant oder Vogel).

Variation für ältere Kinder: Bis zu fünf Tiere und etwas seltenere Tiere nennen (Seeadler, Spitzmaus, Igel, Gämse, Feldhase).

Was kochen wir am Montag?

Alter: ab 5 Jahren
Mitspieler: Großgruppe
Spieldauer: ca. 30 bis 45 Minuten
Material: Softball

Die Kinder sitzen im Kreis. Ein Kind bekommt den Softball; es ist der Koch und wirft einem anderen Kind den Ball zu und fragt: „Was kochen wir am Montag?"

Für jede genannte Speise, die mit „M" beginnt, gibt es 10 Punkte und für jede Wiederholung werden fünf Punkte abgezogen. Nun die mögliche Antwort: „Möhren, Muscheln, Maultaschen, Mais, Maronen, Mettwurst, Meerrettichfleisch …" Damit hat das Kind 70 Punkte und wirft den Ball dem Koch zurück.

„Was kochen wir am Donnerstag?", kann die nächste Frage des Kochs lauten. Die Reihenfolge der Wochentage muss nicht eingehalten werden. Nun gibt es lauter Speisen, die mit „D" beginnen.

Wer es schafft, in drei Spielrunden auf 100 Punkte zu kommen, ist spitze!

Es gibt bestimmt mehrere Kinder, die das können.

Ich kauf mir eine Kuh und ein Kälbchen dazu

Alter: ab 4 Jahren
Mitspieler: Großgruppe
Spieldauer: ca. 15 Minuten
Material: Mützen oder Hüte

Die Kinder sitzen im großen Stuhlkreis zusammen. Dann stellt die Spielleitung eine Frage zum Thema Bauernhof, z. B.: Wo wohnen die Kühe? Die Tiere, die auf dem Bauernhof leben, werden nun benannt und die Kinder überlegen, was z. B. eine Kuh alles macht. Dann hat jedes Kind die Gelegenheit das Tier zu spielen.

Nachdem alle wichtigen Bauernhoftiere im Spiel erlebt wurden, geht es weiter. Der Bauer Tierlieb und der Viehhändler Schlau werden ausgewählt. Beide bekommen einen Hut oder eine Mütze aufgesetzt.

Bauer Tierlieb braucht neue Tiere, er hat einen größeren Stall gebaut, er geht auf den Viehmarkt und kauft dort ein. Der Viehhändler hat alle Tiere, die er braucht.

Bauer Tierlieb begrüßt den Viehhändler Schlau, er heißt so, weil er so gut und schnell rechnen kann. „Guten Tag, ich brauche vier Kühe!“, sagt Bauer Tierlieb. Der Viehhändler nennt die Vornamen von vier Kindern, sie schlüpfen in die Rolle der Kühe. Nun braucht Bauer noch mehr Tiere, etwas einen Hahn, Schafe usw. Wenn alle Kinder eine Tierrolle erhalten haben, werden sie zwei bis drei Mal im Kreis herum zum Bauernhof geführt und jeder nimmt seinen Platz im Stuhlkreis wieder ein. Die ersten beiden Tiere, die auf dem Viehmarkt eingekauft wurden, können bei der nächsten Spielrunde die Rolle vom Bauern Tierlieb und Viehhändler Schlau einnehmen.

Mein Kaufhaus ist ganz groß und bunt

Alter: ab 5 Jahren
Mitspieler: Großgruppe
Spieldauer: ca. 20 Minuten

Die Spielleitung stellt Rätselfragen, wodurch die Kinder herausfinden, um was es sich handelt.

- Es ist ein ganz großes Haus.
- Es hat viele Etagen.
- Es gibt dort eine Rolltreppe.
- Viele Menschen arbeiten dort.
- Man kann dort viele unterschiedliche Dinge bekommen.
- Es gibt viele Abteilungen.
- Wer etwas haben möchte, muss es erst an der Kasse bezahlen, bevor man es mitnehmen darf.

Die Kinder werden schnell herausfinden, dass es sich um ein Kaufhaus handelt. Nun bestimmt die Spielleitung ein Kind, das sich einen Gegenstand ausdenkt, der im Kaufhaus gekauft werden kann. Es benennt diesen Gegenstand aber nicht, sondern spielt vor, wie er verwendet wird.

Die anderen Kinder raten, um was es sich handeln könnte. Wurde der Gegenstand erraten, ist das nächste Kind an der Reihe, einen anderen Gegenstand pantomimisch vorzustellen.

Hinweis: Ein Prospekt, Spielzeugkatalog oder ein anderer Katalog können als Ideengeber eingesetzt werden.

Kakao oder Tee im Café

Alter: ab 5 Jahren
Mitspieler: Großgruppe
Spieldauer: ca. 30 Minuten
Material: Tee und Kakao in Kannen, Geldbeutel, Geschirr, Spielgeld, Verkleidungen als Kellner und Kellnerin

Vorbereitung: Während die Spielleitung mit einem Teil der Gruppe Tee und Kakao zubereitet, verwandeln die restlichen Kinder den Gruppenraum in ein Café. Tische werden im Raum verteilt, mit Tischdecken bezogen, gedeckt und eventuell mit Blumensträußen verziert.

Zwei Kinder verkleiden sich als Bedienung, sie sind für die Bewirtung der Gäste zuständig. Jeder hat die gleiche Anzahl Gäste zu bedienen.

Bevor die „Gäste" ihre Plätze einnehmen, bekommen alle einen Geldbeutel mit Spielgeldmünzen. 1€ kostet das Getränk. 10 Cent Trinkgeld gibt es, wenn etwas beim Eingießen verschüttet wird und 20 Cent, wenn es gut gelungen ist.

Die Bedienungen fragen nun jeden Gast nach seinem Wunsch. Die Kinder können zwischen Tee oder Kakao wählen. Dann gießt die Bedienung die Getränke ein. Die Bedienung bekommt das Geld für das Getränk und Trinkgeld je nach Qualität der Bedienung.

Zum Schluss wird gemeinsam das Geld gezählt. Wer hat mehr Trinkgeld bekommen?

Hinweis: Bei diesem Spiel spielt die Konzentration eine wesentliche Rolle, deshalb sollten die Kinder wissen, dass es bei diesem Spiel nicht darum geht, schnell fertig zu werden, sondern sicher einzugießen, ohne etwas zu verschütten.

Hier geht es nicht so sehr ums Rechnen, im Vordergrund dieser Aktion steht das Rollen- und Konzentrationsspiel.

Kreativ wie Picasso

Zeichnen, malen, spielen

Die Umwelt bewusst wahrzunehmen und sie in selbst gemalten Bildern darzustellen, ist ein weiterer Schritt in der Entwicklung. Kindern gefällt es sehr, Formen zu entwerfen, Farben einzusetzen und sich von vielen Dingen ihr eigenes Bild zu machen. Diese Mal- und Zeichenspiele zu den unterschiedlichen Themenbereichen geben Anlass zu neuen Herausforderungen, verbunden mit viel selbstständigem Denken und Darstellen.

Die erste Farbe, die ein Säugling ein paar Wochen nach der Geburt wahrnehmen kann, ist Rot. Später dienen Farben den Kindern als Orientierungshilfen, und je älter sie werden desto mehr Farbdifferenzierungen kennen sie. Zu Beginn des Farbenlernens steht die Farbe oft in Bezug zu einem Gegenstand z. B. grün wie Gras, rot wie das Feuerwehrauto, blau wie der Himmel und gelb wie die Sonne.

Bunte Luftballons

Alter: ab 3 Jahren
Mitspieler: Großgruppe
Spieldauer: ca. 20 Minuten
Material: bunte Luftballons und dazu passende Farbkärtchen

Die Luftballons werden von der Spielleitung aufgeblasen und zugeknotet.

Die Kinder sitzen im Kreis, die Farbkarten liegen verdeckt in der Kreismitte. Der Spielleiter beschreibt ein Kind – Mädchen oder Junge, Haarfarbe, Kleidung …, alle im Kreis raten mit, wer gemeint ist. Das ermittelte Kind darf eine verdeckte Farbkarte aufnehmen, sie anschauen und sich in der gleichen Farbe einen Luftballon holen und unter seinen Stuhl legen. Die Karte bekommt der Spielleiter. Hat jedes Kind seinen Luftballon gefunden, können die Kinder frei mit ihren Luftballons spielen oder es findet anschließend irgendwann am Vormittag noch ein Bewegungsangebot mit Luftballons statt.

Kinder mögen die vielen bunten Farben und entwickeln häufig auch für eine bestimmte Farbe eine ganz besondere Vorliebe. Es ist ihre Lieblingsfarbe und gehört bald unzertrennlich zu ihnen wie ihr Name, ihr Spiegelbild und ihr Sternzeichen.

Eine Blüte oder zwei Blüten

Alter: ab 4 Jahren
Mitspieler: Einzelbeschäftigung, Kleingruppe
Spieldauer: ca. 10 Minuten
Material: Blüten der Kapuzinerkresse in vielen Farben, je Farbe 2 bis 5 Blüten, 1 Blatt der Kapuzinerkresse, Pappteller

Die Spielleitung zeigt den Kindern die verschiedenfarbigen Blüten der Kapuzinerkresse und ein Blatt. Wer kennt diese Pflanze, wo wächst sie? Wie riecht sie? Wer traut sich, die Pflanze zu probieren (sie ist nicht giftig). Sie schmeckt scharf und wird für Salate oder als essbare Dekoration genutzt.

Die Kinder schauen die Blüten genau an und beschreiben sie. Wie viele Blütenblätter hat die Blüte? Wie ist die Blüte geformt? Welche Farben können die Kinder unterscheiden und erkennen?

Die Kinder verteilen die Blüten je einzeln auf einem Pappteller. Sind alle Blütenfarben einmal auf jedem Teller vorhanden, kann das Spiel beginnen. Nun gilt es, so schnell wie möglich möglichst viele Blüten in der gleichen Farbe auf einem Teller zu versammeln. Das Spiel ist beendet, wenn alle Blüten verteilt sind.

Variationen:

- Auch dieses Spiel kann auf Zeit gespielt werden, z. B. zwei Kinder spielen gemeinsam gegen die Eieruhr.
- Zwei Kinder spielen gegeneinander.
- Beim Zuordnen werden die Farben genannt, wer die falsche Farbe nennt, hat verloren und scheidet aus.

Male etwas, das gelb ist

Alter: ab 4 Jahren
Mitspieler: Kleingruppe, Großgruppe
Spieldauer: ca. 20 bis 30 Minuten
Material: kleine Malblätter, Farbstifte, Farbenwürfel, Glasnuggets
für die Variation: Zahlenwürfel 1 bis 3

Die Kinder sitzen am Tisch, das jüngste Kind der Runde beginnt zu würfeln. Es hat die Farbe „gelb" gewürfelt. Was kann es malen, das gelb ist? Es nimmt ein Blatt und einen gelben Stift und geht in eine Ecke des Raums, sodass die anderen nicht sehen was es malt. Der Würfel wandert weiter im Kreis herum, bis jedes Kind seine Malaufgabe hat. Dann wird weitergewürfelt.

Wenn ein Kind alle sechs Farben gewürfelt und sechs verschiedenfarbige Bilder gemalt hat, ruft es „stopp". Alle müssen ihren Stift hinlegen. Die Gegenstände, die jedes Kind gemalt hat, werden betrachtet und bewertet. Bei gleichen Motiven, z. B. Sonne, gibt es für jeden ein Glasnugget, ist das Motiv jedoch nur einmal gezeichnet, z. B. ein Küken, bekommt das Kind zwei Glasnuggets. Farben, die bis zum Spielende von den Kindern noch nicht gemalt wurden, zählen nicht. Wer zum Schluss die meisten Glasnuggets hat, hat gewonnen, es ist eine Menge zwischen sechs und zwölf Glasnuggets.

Variation 1: Mit zusätzlich einem Zahlenwürfel 1 bis 3. Es wird z. B. Blau und eine 3 gewürfelt. Nun kann dreimal das gleiche Motiv gewählt werden oder drei unterschiedliche Gegenstände. Bei der letzten Variante ist die Möglichkeit größer, mehr Punkte zu erzielen, da jeder Gegenstand einzeln bewertet wird, z. B. den blauen Himmel hat ein anderes Kind auch gemalt = 1 Punkt. Aber nicht das Vergissmeinnicht und die Blaubeere = je 2 Punkte, dann gibt es für die Farbe „Blau" 5 Glasnuggets.

Variation 2: Ein Spieler würfelt und alle malen ein Motiv in der gleichen Farbe. Hat der Erste sein Bild fertig, ruft er „stopp". Nun wird verglichen, was gemalt wurde. Sind die Motive von den anderen schon zu erkennen, zählen sie mit, z. B. eine Sonne mit erst wenigen Strahlen. Die Punktevergabe ist gleich, besondere Motive bekommen zwei Punkte, auch wenn sie noch nicht ganz fertig gemalt sind.

Schneemann, Tulpe, Sonne oder Apfel

Alter: ab 5 Jahren
Mitspieler: Großgruppe
Spieldauer: ca. 20 Minuten
Material: Memoblätter, Bleistifte, Liederbuch

Alle kennen die vier Jahreszeiten. Jedes Kind malt für die vier Jahreszeiten die Symbole auf je einen Zettel:
Schneemann = Winter
Tulpe = Frühling
Sonne = Sommer
Apfel = Herbst

Das erste Lied wird gesungen (entweder nur ansingen oder von allen Liedern die erste Strophe singen). Das Symbol für die im Lied genannte Jahreszeit wird von jedem Kind ausgewählt. Die Spielleitung schreibt auch die Jahreszeit auf, um sie später mit den Kindern vergleichen zu können. Nach vier Liedern von allen Jahreszeiten in gemischter Reihenfolge werden die Symbole verglichen. Wer alle Symbole in der richtigen Reihenfolge hat, bekommt vier Punkte.

Der nächste Durchgang mit vier Liedern beginnt und wird genauso durchgeführt wie der erste. Insgesamt werden drei Durchgänge mit je vier Liedern gesungen.

Wer hat die meisten Lieder richtig zugeordnet?

Was soll das sein?

Alter: ab 5 Jahren
Mitspieler: Großgruppe
Spieldauer: ca. 30 bis 60 Minuten
Material: Memoblätter, Stifte, Straßenmalkreide, Stopp- oder Sanduhr

Die Kinder wählen einen Spielleiter und teilen sich in zwei Gruppen auf. Jede Gruppe zeichnet auf Zettel Begriffe, die sich gut darstellen lassen, z. B. Haus, Blume, Auto usw.

Jede Gruppe bestimmt einen Vorzeichner, jedoch kommt jedes Kind im Laufe des Spiels einmal mit dem Zeichnen an die Reihe. Der Spielleiter lässt den Vorzeichner der ersten Gruppe einen der vorbereiteten Zettel der anderen Gruppe ziehen. Auf ein Signal hin läuft die Zeit und das Kind zeichnet mit Straßenmalkreide das Motiv auf den Boden. Alle anderen Mitspieler der ersten Gruppe schauen dabei zu und raten, was ihr Vorzeichner da zeichnet. Die gegnerische Gruppe muss still sein.

Sobald der richtige Begriff genannt ist, stoppt der Spielleiter die Zeit und die Spielrunde ist beendet. Schafft es die Gruppe nicht, den Begriff in der vorgegebenen Zeit zu erraten, bekommt sie keine Punkte. Errät sie das Motiv, bekommt sie einen Punkt.

Nach einem Durchgang beider Gruppen – wenn jeder Mitspieler als Vorzeichner an der Reihe war –, kann die Gewinnergruppe ermittelt werden.

Variation für ältere Kinder: Den Kindern werden die Begriffe aufgeschrieben, sie müssen gelesen und zeichnerisch umgesetzt werden.

> Ein ideales Spiel im Freien an einem warmen Tag. Es muss eine große Bodenfläche vorhanden sein, auf die mit Kreide gezeichnet werden kann.

Malen ohne zu schauen

Alter: ab 5 Jahren
Mitspieler: Kleingruppe
Spieldauer: ca. 10 Minuten
Material: pro Kind Schreibpapier, Stift und Augenbinde

Die Kinder sitzen am Tisch. Jeder Mitspieler darf den Anfangsbuchstaben seines Vornamens auf ein Blatt schreiben. Welche Buchstaben kennen die Kinder außerdem?

Nun einigen sich die Kinder auf das Thema ihrer Malaktion. Sollen es Pflanzen, Tiere, Spielsachen oder etwas Anderes sein? Alle Buchstabenblätter werden nebeneinander gelegt. Nun darf das Kind, das links neben der Spielleitung sitzt, mit geschlossenen oder verbundenen Augen auf ein Buchstabenblatt tippen. Der Finger zeigt z. B. auf ein „D". Wenn zuvor abgemacht wurde, dass ein Tier gezeichnet werden soll, überlegen die Kinder gemeinsam, welche Tiere sie kennen, deren Anfangsbuchstabe ein „D" ist, und welches sie davon nehmen wollen.

Die Auswahl fällt auf den Dackel. Alle malen jetzt blind einen Dackel. Dabei legen sie den Kopf in den Nacken und haben die Augen geschlossen.

Erst wenn die Figur fertig ist, darf geschaut werden. Jeder zeigt den anderen Mitspielern das Ergebnis seiner blinden Zeichenkünste und alle zusammen entscheiden, wer der beste Blindmaler ist.

Nun kann eine neue Aufgabe gefunden werden, so oft, bis jeder einmal blind einen Buchstaben ausgewählt hat.

Hut, Kopf, Bauch, Beine hat er auch

Alter: ab 5 Jahren
Mitspieler: Großgruppe
Spieldauer: ca. 20 bis 30 Minuten
Material: Papier (DIN A4), Stifte, Eieruhr, Würfel

Alle haben sich am Tisch versammelt. Jedes Kind erhält ein Blatt, das zuerst einmal senkrecht gefaltet und dann wieder geöffnet wird. Danach wird das Blatt waagrecht in zwei gleichgroße Teile gefaltet und wieder geöffnet. Durch weiteres Falten und wieder öffnen entsteht schließlich ein Blatt mit einem senkrechten Mittelstrich und acht Feldern übereinander. Die Faltung in der Mitte von oben nach unten dient nur als Orientierungshilfe bzw, Mittelachse beim Zeichnen.

Die Kinder haben die Aufgabe, in den oberen Kasten den Himmel und die Witterung zu malen, auch, ob es Tag oder Nacht ist.

Die Eieruhr wird gestartet – ca. drei Minuten haben die Kinder Zeit, dann muss diese erste Aufgabe beendet sein. Das gemalte Stück wird nach hinten umgeschlagen (verdeckt) und jedes Blatt wird im Uhrzeigersinn an den Sitznachbarn weitergegeben. Nun gilt es, in der zweiten Aufgabe das zweite Feld mit einer Zeichnung zu versehen. Die Spielleitung spricht mit Kindern alle Aufgabenschritte durch, damit sie Ideen entwickeln können.

2. Aufgabe: Kopfbedeckung oder Geweih oder Hasenohren …
3. Aufgabe: Kopf – natürlich auch Tierköpfe
4. Aufgabe: Bauch mit Armen (Füße – Tier)
5. Aufgabe: Beine
6. Aufgabe: Füße
7. Aufgabe: Worauf kann man stehen?
8. Aufgabe: Untergrund – Bodenlinie

Nun wird es lustig! Es wird gewürfelt und wer eine Eins, Drei oder Fünf würfelt darf das Bild, das vor ihm liegt, aufklappen und allen Kindern zeigen.

Was ist da nur gemalt worden? Alle Bilder werden betrachtet.

Hinweis: Das genaue Besprechen hilft den Kindern, Vorstellungen für die einzelnen Aufgaben zu entwickeln. So entstehen etwa Skateboard fahrende Schweine mit Sonnenhut bei Nacht und Schneetreiben.

Was wird aus Kreis und Strich?

Alter: ab 4 Jahren
Mitspieler: Großgruppe
Spieldauer: ca. 10 Minuten
Material: Papier, Stifte, Eieruhr

Die Spielleitung spricht mit den Kindern über Striche und über Formen, die sie malen können. Jede Strichführung und Form wird von allen Kindern in die Luft gemalt – gerade, senkrechte, waagrechte und diagonale Striche, Zickzacklinien und Wellenlinien, Kreise, Quadrate, Dreiecke und vieles mehr. Beim Malen werden die Striche und Formen benannt, sodass sich die Kinder die Dinge besser einprägen.

Alle setzen sich an den Tisch und jeder erhält ein Blatt und malt auf das Blatt einen beliebigen Strich oder eine Form. Anschließend werden die Blätter im Uhrzeigersinn weitergereicht, jedes Blatt rutscht einen Platz weiter nach links. Nun malen die Kinder eine andere Form oder einen Strichverlauf auf das Blatt, das anschließend noch einmal wandert.

Auf jedem Blatt sind nun zwei Dinge zu sehen. Die Kinder betrachten sie und überlegen, was sie daraus malen wollen und was die nächsten Malschritte sind. Hat jeder eine Idee, wird die Eieruhr auf fünf Minuten gestellt und gestartet.

Beim Klingelton werden die Stifte abgelegt.

Jedes Kind hält nacheinander sein Blatt hoch und lässt die anderen erklären, was zu sehen ist. Wird der richtige Begriff genannt oder muss das Kind sagen, was es gemalt hat?

Variation: Es können auch Punkte vergeben und am Ende ein Sieger ermittelt werden.

Stille Post auf den Rücken gemalt

Alter: ab 5 Jahren
Mitspieler: Großgruppe
Spieldauer: ca. 15 Minuten
Material: Naturmemory

Die Kinder sitzen im Stuhlkreis, sie wählen aus dem Naturmemory drei Bilder aus, die einfach darzustellen sind. Die Spielleitung legt die Karten verdeckt vor sich auf einen kleinen Tisch oder Hocker. Ein Kind, das zuerst erkennt, was die Spielleitung in die Luft malt, darf eine der Karten ziehen und sich das Bild genau anschauen.

Es stellt sich hinter das Kind, das links neben ihm sitzt. Das Kind dreht seinen Stuhl so, dass der Rücken als „Malgrund" zur Verfügung steht. Es schließt die Augen. Das Kind, das hinten steht, streichelt erst sanft zwei oder drei Mal über den Rücken, bevor es mit dem Finger den Gegenstand auf den Rücken malt, z. B. einen Apfel.

Hat das Kind, auf dessen Rücken gemalt wurde, erkannt, was dargestellt werden soll? Es flüstert dem malenden Kind den Gegenstand ins Ohr. Falls es nicht richtig geraten hat, wird der Apfel noch einmal gemalt. Hat das Kind erkannt, was es war, malt es den Apfel wiederum seinem linken Nachbarn auf den Rücken.

Am Spielende müssten alle wissen, was dort von Rücken zu Rücken geschickt wurde.

Sie legen alle drei Kärtchen offen hin und das erste Kind zeigt darauf, was es gesehen hat. Die anderen dürfen es nicht sehen. Danach zeigt das zweite Kind, was es glaubt, auf dem Rücken gemalt bekommen zu haben, und nacheinander alle anderen. Hat die Darstellung vom Apfel wirklich alle erreicht? Erst zum Schluss darf das erste Kind laut sagen, was es ausgewählt hatte.

Fabeltier im Sandkasten

Alter:	ab 5 Jahren
Mitspieler:	Kleingruppe
Spieldauer:	ca. 15 Minuten
Material:	Sandkasten, Fotoapparat, Stift, Papier

Die Kinder sitzen im Sandkasten. Der Sand ist feucht und glatt. Die Spielleitung entscheidet, welches Kind der erste Zeichner sein darf, und legt auch die Reihenfolge fest, in der die anderen Kinder zeichnen dürfen.

Der erste Zeichner zeichnet einen Teil von einem Wundertier und beginnt eine Geschichte zu erzählen, welche Eigenschaft das Tier hat, z. B.: In der Nacht wird das Tier lebendig und geht spazieren.

Jeder weitere Zeichner fügt ein Körperteil hinzu (Ohren, Bauch, Schwanz, Beine …) und erklärt etwas dazu, z. B.: Es kann mit seinen riesigen Ohren fliegen und sich bei Gefahr sogar darunter verstecken.

Das Spiel kann von den Kindern beliebig lange gespielt werden. Zum Schluss wird ein Foto von dem Wundertier und allen Mitspielern gemacht und die Spielleitung schreibt mit den Kindern die Geschichte auf.

Mach ein neues Wort daraus

Alter: ab 5 Jahren
Mitspieler: Kleingruppe
Spieldauer: ca. 15 Minuten
Material: alte Zeitschriften, Schere, Klebstoff, Papier, Eieruhr

Auf dem Tisch sind Zeitschriften verteilt. Die Kinder schauen sie durch und jedes schneidet drei Dinge aus, die ihm besonders gut gefallen. Wichtig ist, dass die Darstellungen einen einzigen und eindeutigen Begriff darstellen.

Jedes Kind wählt eines seiner Bilder aus. Auf das Kommando „Auf die Stifte – fertig – los!" überlegt sich jeder, welcher Begriff noch zu seinem Wort passt, malt den Begriff und setzt das neue Wort in der richtigen Reihenfolge zusammen.

Hat z. B. ein Kind eine Wiese ausgeschnitten und nun Blumen gemalt, dann muss am Spielende der Begriff so dargestellt sein, dass die Blumen an erster Stelle und die Wiese an zweiter Stelle liegen, wenn das Wort „Blumenwiese" heißen soll. Soll es jedoch „Wiesenblumen" sein, müssen die Bilder in der Reihenfolge gewechselt werden. Das geht nicht mit allen neuen Begriffen, z. B. Hunde und Hütte.

Für jeden Begriff, der gut dargestellt wurde, gibt es fünf Punkte. Wer schafft es, nach drei Spielrunden 15 Punkte zu erreichen? Bestimmt fallen den Kindern viele eigene Spielvarianten für den Spielverlauf oder die Bewertung ein.

Picknickkorb

Alter: ab 5 Jahren
Mitspieler: Kleingruppe
Spieldauer: ca. 30 Minuten
Material: Papier, kleine Zettel, Stifte, Klebestreifen

Jedes Kind malt auf einen Bogen Papier einen Picknickkorb. Was soll nun in den Picknickkorb? Als erstes soll etwas, das mit dem Buchstaben „A“ beginnt, in den Korb. Es soll essbar sein und hineinpassen, also kein Affe und kein Apfelbaum. Ein Apfel oder eine Ananas wären möglich.

Alle Kinder malen auf einen kleinen Zettel, was sie mit dem Buchstaben „A“ in ihren Picknickkorb legen. Nun kann das nächste mit „B“ gesucht werden. Bevor mit dem Malen begonnen wird, wird noch einmal aufgezählt, was schon im Korb ist. Ein Kind nennt seine Sachen. In der nächsten Spielrunde nennt das Kind, das links neben dem ersten Kind sitzt, alles, was in seinem Korb ist. Buchstaben, für die kein passender Gegenstand gefunden wird, werden einfach übersprungen.

Die Zettel werden mit Klebestreifen in der richtigen alphabetischen Reihenfolge hintereinander geklebt. Wer kann alleine alle Dinge in seinem Korb benennen?

Spieleregister